The University of Michigan

CAHIER DE PRÉPARATION

SÉQUENCES

Michéle Bissiére

Custom Edition

 CENGAGE
Learning·

Australia • Brazil • Japan • Korea • Mexico • Singapore • Spain • United Kingdom • United States

The University of Michigan, CAHIER DE PRÉPARATION, SÉQUENCES: Custom Edition

Séquences, Student Activities Manual, Third Edition
Michèle Bissière | Nathalie Degroult

© 2016 Cengage Learning. All rights reserved.

Cahier De Préparation,Séquences, Second Edition
Michèle Bissière

© 2013 Cengage Learning. All rights reserved.

For product information and technology assistance, contact us at
Cengage Learning Customer & Sales Support, 1-800-354-9706

For permission to use material from this text or product,
submit all requests online at **cengage.com/permissions**
Further permissions questions can be emailed to
permissionrequest@cengage.com

This book contains select works from existing Cengage Learning resources and was produced by Cengage Learning Custom Solutions for collegiate use. As such, those adopting and/or contributing to this work are responsible for editorial content accuracy, continuity and completeness.

Compilation © 2015 Cengage Learning

ISBN: 9781305755338

WCN: 01-100-101

Cengage Learning
20 Channel Center Street
Boston, MA 02210
USA

Cengage Learning is a leading provider of customized learning solutions with office locations around the globe, including Singapore, the United Kingdom, Australia, Mexico, Brazil, and Japan. Locate your local office at:
www.international.cengage.com/region.

Cengage Learning products are represented in Canada by Nelson Education, Ltd.

For your lifelong learning solutions, visit **www.cengage.com/custom.**

Visit our corporate website at **www.cengage.com.**

Brief Contents

Chapitre *1*

LA VIE ÉTUDIANTE: *L'Auberge espagnole (2002)*

 Grammar Tutorials
www.cengagebrain.com
- prepositions
- adjectives
- interrogatives

LES MOTS POUR LE DIRE

A. Votre dictionnaire personnel

Trouvez les mots de la **Liste de vocabulaire** (*Séquences,* pages 35–38) qui correspondent aux catégories suivantes.

The exercises in the **Les mots pour le dire** section can be done without seeing the film, but they will make more sense if you watch the film first.

1. le logement et la vie en communauté

_____

_____

_____

_____

2. le monde du travail

_____

_____

_____

_____

3. les relations humaines

_____

_____

_____

_____

4. voyager et vivre à l'étranger

_____

_____

_____

_____

B. L'antonyme le plus proche

Trouvez le contraire. Référez-vous à la **Liste de vocabulaire** (_Séquences_, pages 35–38).

___ **1.** se quitter	**a.** propre
___ **2.** parler couramment	**b.** calme
___ **3.** asocial	**c.** vieux jeu
___ **4.** angoissé	**d.** mûr
___ **5.** à l'aise	**e.** se retrouver
___ **6.** sale	**f.** baragouiner (fam.)
___ **7.** immature	**g.** sociable
___ **8.** moderne	**h.** coincé (fam.)

> Refer to the special section of the vocabulary list entitled **Les études.**

C. La vie d'étudiant

Associez les verbes de la première colonne à un nom de la deuxième colonne.

___ **1.** remplir	**a.** un appartement
___ **2.** assister à	**b.** l'université
___ **3.** passer	**c.** les frais universitaires
___ **4.** payer	**d.** un formulaire
___ **5.** recevoir	**e.** une bourse
___ **6.** obtenir	**f.** une nouvelle vie
___ **7.** louer	**g.** un échange universitaire
___ **8.** s'inscrire à	**h.** un examen
___ **9.** participer à	**i.** un cours
___ **10.** s'habituer à	**j.** un diplôme

D. Cours et spécialisation

Lisez la liste des cours auxquels les étudiants indiqués se sont inscrits et choisissez la spécialisation la plus logique.

Administration publique	Arts	Chimie	Études féministes
Études littéraires	Histoire	Informatique	Langues vivantes
Médecine	Philosophie	Psychologie	Sciences des religions

Exemple: **Raoul**

Aspects toxico-pharmacologiques

Le système cardio-pulmonaire

Le système immunitaire

Il se spécialise en *médecine.*

1. Mélanie

Analyse des politiques publiques

Droit administratif

Finances internationales

Elle se spécialise en _____.

2. Julien

L'architecture du 20ᵉ siècle

La problématique de la danse en milieux diversifiés

L'art depuis 1968

Il se spécialise en _____.

3. Charlotte

Les rapports sociaux de sexe et genre en Europe

Femmes et politique

Vie privée et intervention sociale

Elle se spécialise en _____.

4. Carlos

Bases psychologiques du comportement

La psychopathologie

L'émotion et la motivation

Il se spécialise en _____.

5. Najib

Mythe, rite et symbole

Histoire du christianisme

Le pèlerinage

Il se spécialise en _____.

6. Julie

La toxicologie biochimique

Analyse par spectroscopie

Analyse de l'air

Elle se spécialise en _____.

7. **Gaël**

Programmation

Construction et maintenance de logiciels

Organisation des ordinateurs et assembleurs

Il se spécialise en _____.

8. **Sabine**

L'allemand oral

Études en langues et en cultures hispanophones

Apprentissage de la grammaire française

Elle se spécialise en _____.

E. Le mot juste

Terminez les phrases en utilisant des mots de la **Liste de vocabulaire** (*Séquences*, pages 35–38). Faites attention aux temps et à la conjugaison des verbes.

1. Mon amie Mary est brillante. Elle ne paie pas de frais de scolarité à l'université parce

   qu'elle a obtenu une _____.

2. Moi, je ne reçois pas d'argent de l'université pour financer mes études, alors j'ai

   demandé un _____ à ma banque.

3. Pour devenir médecin en France, on s'inscrit à _____ quand on
   a fini ses études secondaires.

4. Cette personne me casse les pieds (*gets on my nerves*). Elle est

   _____.

5. Mon appartement est très _____ parce que je ne le nettoie pas
   régulièrement.

6. Je dois _____ mon logement avec des colocataires parce que je
   n'ai pas beaucoup d'argent.

7. Marie et Paul _____ tout le temps, alors ils ont décidé de
   rompre.

8. Victor Hugo est un _____ français du 19e siècle.

9. À quelle université vas-tu te (t') _____ l'année prochaine?

10. J'ai passé plusieurs années en France, alors je parle français

    _____.

F. Et vous?

Répondez aux questions par des phrases complètes en consultant la **Liste de vocabulaire** (*Séquences*, pages 35–38).

1. Quand avez-vous obtenu votre diplôme de lycée?

_____

2. En quoi est-ce que vous vous spécialisez?

_____

3. Est-ce que vous louez une chambre sur le campus? Un appartement en ville?

_____

4. Combien payez-vous pour les frais de scolarité (par semestre)?

_____

5. Est-ce que vous recevez une bourse de votre université?

_____

6. Quels cours suivez-vous ce semestre? À quels cours est-ce que vous allez vous inscrire le semestre prochain?

_____

7. Avez-vous l'intention de participer à un échange universitaire à l'étranger? Où avez-vous envie d'aller?

_____

8. Êtes-vous sociable? Maniaque? Angoissé(e)? Donnez des détails.

_____

G. Dictée

1-2 Écoutez le passage pour compléter le texte.

Mon arrivée à Barcelone n'a pas été facile. Ma copine m'a beaucoup _____ (1) et j'avais le mal du pays. En plus, j'ai eu _____ (2) à trouver un appartement. Des Français que j'avais rencontrés à l'aéroport ont accepté de m'_____ (3) un moment, mais c'était vraiment la galère. Je ne me sentais pas du tout _____ (4) avec ce couple coincé et vieux jeu. Il fallait que je trouve _____ (5) correct. Finalement, j'ai _____ (6) dans une colocation superbe. _____ (7) étaient tous de pays différents. Je me suis identifié à eux immédiatement, et _____ (8) était acceptable. Personne ne s'intéressait trop aux _____ (9), alors c'était _____ (10) complet. Je me suis adapté tout de suite.

PRÉPARATION À LA DISCUSSION

Prononciation: l'intonation

You learned that **intonation** is often used to ask questions in spoken French. In this section you will develop a more complete understanding of French intonation in both declarative sentences and questions. You will be given the opportunity to practice these intonation patterns orally.

Some notes on intonation: Depending on the speed of delivery, spoken French is divided into segments called rhythmic groups. These rhythmic divisions are always divided into grammatically coherent segments (noun phrase, verb phrase, prepositional phrase, relative clause, etc.) and generally measure more or less seven syllables, depending upon the speed of delivery. Consider this example:

> Sylvie et sa sœur Marie/ ne sont pas venues à la fête/ avec leurs amis Paul et Pierre.

You can see that the sentence is divided into grammatically coherent segments (noun phrase, verb phrase, and prepositional phrase), and that each of these divisions is close to seven syllables in length.

French speakers place a slight rising intonation at the end of each internal rhythmic group and a descending intonation at the end of the sentence.

> Sylvie et sa sœur Marie/ ne sont pas venues à la fête/ avec leurs amis Paul et Pierre.

The exception to this intonation pattern is found in closed (yes/no) questions. These questions also have a rising intonation at the end of the sentence.

> Sylvie et sa sœur Marie/ ne sont pas venues à la fête/ avec leurs amis Paul et Pierre?

In open questions, a slight emphasis is placed on the question word, and there is often a falling intonation at the end of the sentence.

> **Pourquoi** est-ce que Sylvie et sa sœur Marie/ ne sont pas venues à la fête/ avec leurs amis Paul et Pierre?

When the open question is informal, i.e., when the interrogative word is at the end of the question, there is also a slight emphasis or falling intonation at the end.

> Elles sont allées **où?**

🔊 A. L'intonation

1-4 Practice these intonation patterns by repeating the sentences you hear. Pay close attention to the pronunciation of **qu,** which is pronounced [k] in French and not [kw], as in English. As you repeat, insert a slash to indicate the separation of rhythmic groups, if any, and rising and descending arrows to indicate the intonation patterns you hear.

Exemple: Sylvie et sa sœur Marie/ ne sont pas venues à la fête/ avec leurs amis Paul et Pierre.

1. Quand Xavier est arrivé à Barcelone, sa copine lui a beaucoup manqué et il avait le mal du pays.

2. En plus, il a eu du mal à trouver un appartement.

3. Des Français qu'il a rencontrés à l'aéroport ont accepté de l'héberger un moment.

4. Il ne se sentait pas du tout à l'aise avec ce couple coincé et vieux jeu.

5. Finalement, il a emménagé dans une colocation superbe avec des étudiants qui venaient de pays différents.

6. Est-ce que vous partagez votre logement avec d'autres personnes en ce moment?

7. Avez-vous déjà eu l'occasion de quitter votre pays pour aller vivre à l'étranger?

🔊 B. L'intonation dans les questions

1-5 For each of the following pairs of questions you hear, circle the number of the question that has rising intonation at the end.

1.	Question a	Question b
2.	Question a	Question b
3.	Question a	Question b
4.	Question a	Question b
5.	Question a	Question b
6.	Question a	Question b
7.	Question a	Question b
8.	Question a	Question b
9.	Question a	Question b
10.	Question a	Question b

🔊 C. Les noms de pays

1-6 Practice the pronunciation of the following countries by repeating the sentences you hear.

1. Ils vont au Pérou.

2. Elles arrivent d'Haïti.

3. Vous habitez en Allemagne?

4. On vient du Mexique.

5. C'est où, le Suriname?

6. Tu vas où en Belgique?

7. Mon coloc fait un voyage aux Pays-Bas.

8. Je suis des États-Unis.

9. Je suis souvent allé au Canada.

10. Tu viens d'Algérie?

11. On a fait des études au Portugal.

12. J'ai un copain qui va aller à Madagascar.

🔊 D. Les adjectifs de nationalité

1-7 Circle the form of the adjective you hear in the following sentences. Note that you sometimes have to rely on context to decide.

Masc. sing.	Masc. pl.	Fem. sing.	Fem. pl.
1. allemand	allemands	allemande	allemandes
2. italien	italiens	italienne	italiennes
3. anglais	anglais	anglaise	anglaises
4. danois	danois	danoise	danoises
5. africain	africains	africaine	africaines
6. algérien	algériens	algérienne	algériennes
7. congolais	congolais	congolaise	congolaises
8. japonais	japonais	japonaise	japonaises
9. marocain	marocains	marocaine	marocaines
10. espagnol	espagnols	espagnole	espagnoles

La grammaire et le film

E. Le film en questions: les adverbes interrogatifs

Dans cet exercice et le suivant, vous allez vous remémorer le film en formulant les questions qui correspondent aux réponses proposées.

Complétez les questions suivantes avec un adverbe interrogatif: **pourquoi, comment, quand, où, combien.**

Exemple: **Pourquoi est-ce que** Xavier quitte Paris?
Parce qu'il doit apprendre l'espagnol.

1. _____ est-ce que Jean-Michel et Anne-Sophie ont hébergé Xavier?
À son arrivée à Barcelone.

2. _____ est-ce que Xavier a trouvé son appartement à Barcelone?
Il a répondu à une annonce dans le journal.

3. Il a rencontré Isabelle _____?
À la fac.

4. _____ est-ce que Wendy se fâche avec son frère?
Parce qu'il embête Tobias avec ses commentaires sur les Allemands.

5. Les étudiants ont passé _____ de temps en Espagne?
Un an.

F. Le film en questions: l'adjectif interrogatif **quel**

Complétez les questions suivantes avec une forme de l'adjectif interrogatif **quel.**

Exemple: **Quel** est le plus gros problème de Xavier quand il arrive en Espagne?
Il n'arrive pas à trouver un logement convenable.

1. _____ obstacles est-ce que Xavier a rencontrés pour s'inscrire au programme Erasmus?
Il a dû remplir beaucoup de formulaires.

2. _____ langues est-ce que Xavier parle couramment?

Le français, l'anglais et l'espagnol.

3. _____ est le problème avec le réfrigérateur?

Il n'y a pas assez de place pour la nourriture de six personnes.

4. _____ mot français est-ce que Wendy trouve choquant?

Le mot « fac ».

5. _____ est la nationalité de Lars?

Il est danois.

G. Des questions pour les colocataires: questions stéréotypées

En suivant le modèle, posez des questions stéréotypées aux personnes indiquées. Si nécessaire, inspirez-vous du vocabulaire donné.

aimer tout organiser	boire beaucoup de bière	conduire vite
danser le flamenco	être très passionné(e)	faire la sieste
manger des escargots	manger des frites	manger des hamburgers
parler avec les mains	se battre dans les stades	se déplacer à vélo

Exemple: Bruce est américain.

Est-ce que tu manges toujours des hamburgers?

Tu as un revolver?

Est-ce que tu travailles tout le temps?

1. Alessandro est italien.

_____

_____

2. William est anglais.

_____

_____

3. Soledad est espagnole.

_____

_____

4. Martine est française.

_____

_____

5. Tobias est allemand.

_____

_____

6. Lars est danois.

_____

_____

7. Isabelle est belge.

_____

_____

H. Des questions pour les colocataires: questions plus originales

Maintenant, choisissez un des étudiants du film [ou un(e) étudiant(e) que vous avez rencontré(e) ce semestre] et posez-lui des questions en utilisant les mots interrogatifs donnés. Utilisez des mots de la **Liste de vocabulaire** (_Séquences,_ pages 35–38) si possible.

Exemple: Questions pour <u>Wendy</u>

> _Comment est-ce que tu peux supporter Alessandro?_
>
> _Pourquoi est-ce que tu es si différente de ton frère?_
>
> _Tu t'entends bien avec quel colocataire?_

Questions pour _____

1. (Quand)

2. (Comment)

3. (Combien)

4. (Pourquoi)

5. (Où)

6. (Une forme de **quel**)

Et vous?

I. Faites connaissance

Imaginez une conversation entre vous et votre nouveau/nouvelle colocataire. Répondez à ses questions, puis montrez votre intérêt pour lui/elle en lui posant les mêmes questions (en faisant attention d'adapter **lequel** selon la phrase).

Exemple: Quelles langues est-ce que tu parles?

> Votre réponse: _Français, anglais et un peu espagnol._
>
> Votre question: _Et toi, lesquelles est-ce que tu parles?_

1. Quels cours est-ce que tu suis ce semestre?

Votre réponse: _____

Votre question: _____

2. Quel chanteur est-ce que tu écoutes en ce moment?

Votre réponse: _____

Votre question: _____

3. Quelles émissions de télé est-ce que tu aimes regarder?

Votre réponse: _____

Votre question: _____

4. Quel genre de film est-ce que tu préfères?

Votre réponse: _____

Votre question: _____

5. Dans quelle pièce est-ce que tu aimes étudier?

Votre réponse: _____

Votre question: _____

6. Quelle pièce est-ce que tu vas nettoyer ce week-end?

Votre réponse: _____

Votre question: _____

L'intrigue

J. Qui parle?

Indiquez le personnage et le moment du film (au début, au milieu, à la fin) qui correspondent aux répliques suivantes.

Répliques	Qui parle? À qui?	Quand? Au début? Au milieu? À la fin?
Exemple: « Ouais bon alors pour un dossier d'Erasmus, pour un DEA, ce n'est pas compliqué. Il vous faut... »	*Une secrétaire À Xavier*	*Au début*
1. « Je vais faire tout ce que j'ai toujours voulu faire... Je vais écrire. »		
2. « T'es juste un peu surmené (*overworked*)... Par contre, je veux que tu arrêtes de voir Anne-Sophie. »		
3. « Ça m'a fait drôle d'acheter de la viande... Alors, t'es content d'être revenu? »		
4. « J'avais cette impression pénible qu'on passait plus de temps à se dire au revoir qu'à se voir. »		
5. « J'ai tout de suite adoré cet endroit. J'aurais donné n'importe quoi (*I would have given anything*) pour qu'ils m'acceptent ici. »		

Source: *L'Auberge espagnole* © 2002 Ce qui me meut - StudioCanal - France 2 Cinéma - BAC Films - Mate Productions - Castelac Productions.

K. Paraphrasez les citations

Expliquez chaque citation ci-dessus et son contexte de façon très simple.

Exemple: Xavier s'inscrit au programme d'échange Erasmus. Une secrétaire lui explique comment préparer son dossier.

1. _____

2. _____

3. _____

4. _____

5. _____

Avant de faire ces activités, étudiez **La forme interrogative** G-H dans la section grammaire du chapitre 1 et faites les exercices d'**Application immédiate** qui correspondent.

POUR ALLER PLUS LOIN

Parlons de grammaire

It's difficult to study French grammar without knowing something about the principles of grammar in general. Before you begin your study, go to the *Séquences* website and find the answers to the following questions.

1. What is grammar?
2. What does it mean to say something is the subject of a sentence?
3. What is the difference between a subject and an object?
4. What is the object of a preposition?
5. What is the difference between an adverb and an adjective?

Understanding these terms is essential to the study of French in general and interrogatives in particular. You've learned from your grammar review that interrogatives can be adjectives, adverbs, or pronouns.

Considering the many possible translations for the English word *what* should make the necessity for a complete understanding of grammatical terms especially clear.

Examine these examples carefully:

1. *What* is the cat eating?
2. *What* is bothering the cat?
3. *What* classes are you taking?
4. *What* are you writing with?

The word *what* is performing a different grammatical function in each of these sentences and is therefore translated by a different French form in each case.

1. *What* is the cat eating?

   In this sentence the subject of the sentence is *cat* (*cat* is the *doer* of the verb).

   What refers to the missing direct object. The cat is eating *something*: *What* is the cat eating?

   The French translation would be **Qu'est-ce que le chat mange?** or **Que mange le chat?**

   When *what* replaces a direct object it is translated by **que (qu')** or **qu'est-ce que.**

2. *What* is bothering the cat?

   In this sentence *cat* is the direct object. *What* refers to the missing subject. *Something* is bothering the cat: *What* is bothering the cat?

   The French translation would be **Qu'est-ce qui embête le chat?**

   When *what* replaces the (inanimate) subject of a sentence, it is translated by **qu'est-ce qui.**

3. *What (Which)* classes are you taking?

In this sentence *what (which)* is acting as an adjective that modifies *classes*.

The French translation would be **Quels cours suivez-vous?**

When *what (which)* modifies a noun, it is translated by a form of the adjective **quel.**

4. *What* are you writing with?

In this sentence, *what* is the object of a preposition, and it is translated by that preposition followed by **quoi.**

Remember that like *what*, **que, qu'est-ce qui,** and **quoi** all refer to things (inanimate objects). The rules for referring to people are slightly easier, but be sure to review them in your grammar reference before you continue.

A. Quelle est la traduction?

Vous cherchez un(e) colocataire pendant votre séjour en France. Vous avez préparé des questions en anglais. Comment allez-vous les exprimer en français? Choisissez la bonne traduction.

___ 1. Whom do you admire?
   a. Qui est-ce que tu admires?
   b. Qui t'admire?

___ 2. What do you eat for breakfast?
   a. Qu'est-ce qui te mange au petit déjeuner?
   b. Qu'est-ce que tu manges au petit déjeuner?

___ 3. What hurts your feelings?
   a. Qui te blesse?
   b. Qu'est-ce qui te blesse?

___ 4. What books are you reading?
   a. Quels livres tu lis en ce moment?
   b. Est-ce que tu lis des livres en ce moment?

___ 5. Which one do you prefer?
   a. Qu'est-ce que tu préfères?
   b. Tu préfères lequel?

B. Questions personnelles

Quelle réponse correspond le plus à votre situation?

1. Qu'est-ce que vous faites le week-end?
   a. mes devoirs
   b. Je dors.

2. Qui est-ce que vous voyez le week-end?
   a. mes amis
   b. mes parents

3. Qui habite avec vous?
   a. un(e) camarade de chambre
   b. personne; je vis seul.

4. Qu'est-ce qui est important pour vous?
   a. les études
   b. les vêtements

5. Qui est important pour vous?
   a. les sénateurs de mon État
   b. mes profs

6. De qui est-ce que vous parlez souvent?
   a. des étudiants qui sont dans mes cours
   b. de mes chanteurs préférés

7. De quoi est-ce que vous aimez parler?
   a. de politique
   b. de sport

8. À quoi est-ce que vous pensez souvent?
   a. aux examens
   b. à l'environnement

9. À qui est-ce que vous pensez souvent?
   a. à ma grand-mère
   b. à mon/ma petit(e) ami(e)

10. Qu'est-ce que vous ne supportez pas?
    a. le désordre
    b. l'hypocrisie

11. Qui est-ce que vous ne supportez pas?
    a. quelqu'un au travail
    b. quelqu'un à l'université

12. À quoi est-ce que vous assistez parfois?
    a. à un opéra
    b. à un concert

La grammaire et le film

C. Le film en questions: les pronoms interrogatifs I

Voici des questions concernant la vie des colocataires, et Wendy en particulier. Reliez chaque question à la réponse qui convient.

____ 1. Qui nettoie la baignoire le plus souvent?   a. son fiancé Alistair

____ 2. Qu'est-ce que Wendy fait souvent?   b. de littérature

____ 3. Qu'est-ce qui est très sale?   c. écrire

____ 4. Qu'est-ce que Wendy aime?   d. avec un Américain

____ 5. Qui est-ce qu'elle aime?   e. le réfrigérateur

____ 6. Avec qui est-ce qu'elle sort parfois à Barcelone? f. de son frère William

____ 7. De quoi est-ce qu'elle aime parler?   g. le ménage

____ 8. De qui est-ce qu'elle a honte (*is ashamed*)?   h. Wendy

D. Le film en questions: les pronoms interrogatifs II

Complétez les questions suivantes avec un pronom interrogatif: **qui, qui est-ce que, qu'est-ce qui, qu'est-ce que,** ou une préposition + **qui est-ce que,** ou une préposition + **quoi est-ce que.** N'oubliez pas que **que** devient **qu'** devant une voyelle.

1. _____ a accompagné Xavier à l'aéroport?

   Martine et sa mère.

2. _____ Xavier a rencontré quand il est arrivé à Barcelone?

   Anne-Sophie et Jean-Michel.

3. _____ Jean-Michel est spécialisé?

   En neurologie.

4. _____ Xavier et Anne-Sophie ont visité ensemble?

   L'église de la Sagrada Familia.

5. _____ s'est passé quand Anne-Sophie est montée en haut de l'église?

   Elle s'est évanouie (*She fainted*).

6. Dans l'appartement, _____ pose problème?

   Il y a trop de désordre.

7. _____ le propriétaire a parlé pour trouver un compromis?

   À Xavier.

8. _____ les étudiants ont du mal à supporter?

   Ils ont du mal à supporter William.

9. _____ William a imité devant Tobias?

   Il a imité Hitler.

10. _____ William a imité devant Xavier?

    Il a imité une mouche (*a fly*).

E. Une conversation entre Martine et Xavier

Au milieu du film, Martine téléphone à Xavier et elle lui annonce qu'elle a un petit ami à Paris. Voici le dialogue du film. Dans un premier temps (*First*), lisez les réactions de Xavier. Puis, imaginez ce que Martine dit (*what Martine says*) et écrivez ce qu'elle dit ci-dessous.

Remarquez que Xavier pose des questions avec intonation.

Martine: _____

Xavier: Ouais, salut, ça va.

Martine: _____

Xavier: Depuis longtemps?

Martine: _____

Xavier: Depuis combien de temps?

Martine: _____

Xavier: Hmm.

Martine: _____

Xavier: C'est qui? Comment il s'appelle?

Martine: _____

F. Imaginez la suite de la conversation

Maintenant, imaginez le reste de leur conversation. Xavier est jaloux et il pose des questions sur son rival et sur sa propre relation (*his own relationship*) avec Martine. Puis il termine la conversation. Choisissez une expression interrogative différente pour chaque question. Utilisez des questions avec intonation si possible (ou avec **est-ce que**).

Suggestions: question en **oui/non, où, pourquoi, quand, comment, combien de fois** (*how many times*), **qu'est-ce que, qu'est-ce qui, quel**

Verbes: **rencontrer, préférer, sortir, faire, travailler, plaire, se sentir, quitter, se quitter**

Xavier: _____?

Martine: _____

Xavier: _____?

Martine: _____

Xavier: _____?

Martine: _____

Xavier: _____?

Martine: _____

Xavier (il met fin à la conversation):

_____

Et vous?

G. Une conversation téléphonique

Imaginez que vous téléphonez à un(e) ami(e) ou une personne de votre famille qui est parti(e) loin de chez vous. Quelles questions est-ce que vous pouvez lui poser? Si possible, basez vos questions sur une situation qui a vraiment existé.

Suggestions: question en **oui/non, où, pourquoi, quand, comment, combien, qu'est-ce que, qu'est-ce qui, qui, qui est-ce que, quel**

Personne et situation: _____

Exemple: ma mère; elle est à New York en voyage d'affaires/pour son travail.

Tu as parlé à combien de clients? Avec qui est-ce que tu déjeunes? etc.

1. _____

2. _____

3. _____

4. _____

5. _____

H. Préparatifs pour un séjour à l'étranger

Vous désirez faire un séjour linguistique d'été dans un pays francophone. Vous avez trouvé des informations sur un institut de langues à Trois-Rivières, au Québec, mais vous avez besoin de précisions. Voici les questions que vous voulez poser. Traduisez-les en français.

Exemple: How long are the classes?

Combien de temps durent les cours?

1. How long has this program been in existence? (Use **exister.**)

_____

2. How many students register?

_____

3. What countries do the students come from?

_____

4. Who are the instructors? What diplomas do they have?

_____

5. Whom can I talk to if I have questions about the classes?

_____

6. Are students housed/Do students live at the institute? Can I rent an apartment in town?

_____

7. What do students do on weekends?

_____

8. Do you give scholarships?

_____

PRÉPARATION À LA LECTURE

A. Les renseignements culturels: Philippe Labro et l'Amérique

Le texte que vous allez lire est extrait du roman *L'Étudiant étranger* (1986), de Philippe Labro. D'inspiration autobiographique, le roman décrit l'expérience d'un étudiant français dans une université américaine dans les années 1950. Cette expérience a marqué Philippe Labro et a renforcé sa fascination pour l'Amérique. Avant de lire le texte, faites des recherches pour mieux comprendre le contexte de l'histoire et son influence sur l'œuvre littéraire de Philippe Labro.

Visitez **www.cengagebrain.com** pour trouver des liens qui vous aideront à répondre aux questions.

1. L'auteur, Philippe Labro
  a. Quand est-il né?

_____

_____

_____

  b. Quelles professions a-t-il exercées?

  _____

  _____

  _____

  c. Regardez la liste des livres qu'il a écrits et notez quatre livres qui révèlent sa fascination pour l'Amérique. Basez vos réponses sur les titres ou les illustrations des couvertures des livres.

  _____

  _____

  _____

2. Quelques livres de Philippe Labro

  a. *Un Américain peu tranquille:* De quel Américain célèbre parle-t-il dans ce livre?

  _____

  _____

  _____

> You may encounter the incorrect title *Un Américain bien tranquille* while doing your web research.

  b. *Un Été dans l'Ouest:* Dans quel État est-ce que Labro a passé trois mois et qu'est-ce qu'il a fait là-bas?

  _____

  _____

  _____

  c. *L'Étudiant étranger:* Quelle expérience autobiographique raconte le livre? Notez au moins deux aspects de cette expérience qui sont développés dans le roman.

  _____

  _____

  _____

B. Vocabulaire: le mot *coup*

Un coup literally means *a hit* or *a blow,* but it is used in many different idiomatic expressions in French. Review the following and see if you can work out the meanings of the remaining expressions for yourself.

un coup de pied	(a blow of the foot)	a kick
un coup de feu	(a hit of fire)	a shot (from a firearm)
un coup de fil	(a hit of wire)	a phone call (informal)
un coup de vent		
un coup de couteau		
tout à coup		
un coup d'œil		
un coup à la poitrine		

C. Vocabulaire: les mots apparentés

Grâce au vocabulaire que vous connaissez déjà, devinez le sens des mots de la troisième colonne.

	mot connu	traduction	mot apparenté	traduction
1.	couple	*couple*	accouplé(e)	
2.	lumière	*light*	lumineux (-euse)	
3.	vivre	*to live*	survivre	
4.	appeler	*to call*	un appel	
5.	enfant	*child*	l'enfance	
6.	école	*school*	un écolier/une écolière	
7.	laid(e)	*ugly*	un laideron	
8.	supporter	*to bear*	insupportable	
9.	apprendre	*to learn*	un apprentissage	
10.	porter	*to wear*	le port	
11.	connaître	*to know*	inconnu(e)	
12.	différence	*difference*	différencier	

D. En d'autres mots

Liez les citations de l'article que vous allez lire (1–5) aux explications suggérées ci-dessous (a–e).

_____ **1.** «Je suis furieux contre le sort (*fate*) qui m'a désigné un Autrichien pour partager ma vie pendant toute l'année universitaire.»

_____ **2.** «Nous ne faisions pas partie du plan de modelage du citoyen américain.»

_____ **3.** «Ça m'exalte d'être là, dans cette vallée perdue de Virginie, sur ce campus si beau et si impeccable, que j'en ai eu un coup à la poitrine lorsque je l'ai découvert: ça m'exalte, parce que là-bas, loin, très loin, en France, mes frères ne le vivront jamais et les amis que j'ai laissés derrière moi, au lycée, au lendemain du bac philo, eux aussi ont raté cette formidable aventure.»

_____ **4.** «Cependant je me dis confusément ceci: Fenimore Cooper, Jack London, les films de Gary Cooper et de Rita Hayworth, la prairie, l'inconnu, l'appel américain, tu t'es nourri de tout cela dans ton enfance, mais t'y voilà, c'est là, et même si ça n'est pas ça, c'est ça! C'est l'ailleurs auquel tu as tant aspiré et sur quoi tu écrivais des pages et des pages redondantes sur tes cahiers secrets d'écolier.»

_____ **5.** «On peut tomber sur des laiderons imbéciles et insupportables, on peut décrocher une fille exquise.»

a. Les étudiants étrangers étaient exclus des activités de l'université.

b. Le narrateur comprend assez vite le système des *blind dates*.

c. Le narrateur aurait préféré (*would have preferred*) partager sa chambre avec un Américain.

d. Le narrateur est heureux de vivre une expérience peu commune pour un Français.

e. Avant d'arriver en Virginie, le narrateur connaissait les États-Unis à travers les films et la littérature.

Philippe Labro, *L'Étudiant étranger* © Éditions Gallimard

E. Imaginez des situations

Le texte que vous allez lire décrit l'expérience d'un étudiant français aux États-Unis. Les aspects de la vie américaine qu'il trouve bizarres ou choquants nous aident à imaginer les différences entre les deux cultures. Pour chaque aspect qui le surprend, écrivez deux questions que vous pourriez lui poser sur sa propre culture (*that you could ask him about his own culture*).

> *Exemple:* Il est surpris d'avoir un camarade de chambre et de ne pas avoir choisi cette personne.
>
> a. *Est-ce qu'on n'a pas de camarade de chambre dans les universités françaises?*
>
> b. *Comment est-ce que les étudiants français s'adaptent à la vie universitaire s'ils habitent seuls?*

1. Il est surpris d'avoir tant de (*so many*) difficultés de compréhension en anglais.

    a. _____

    b. _____

2. Le système des *dates* lui semble bizarre.

    a. _____

    b. _____

3. Il s'étonne qu'il n'y ait pas de vie possible sans voiture aux États-Unis.

    a. _____

    b. _____

4. Il trouve bizarre d'être obligé de dire bonjour aux personnes qu'il ne connaît pas.

    a. _____

    b. _____

5. Il ne comprend pas l'utilité des comités, associations et fraternités sur le campus.

    a. _____

    b. _____

F. La lecture

Parcourez (*Skim*) les extraits du roman *L'Étudiant étranger* dans votre manuel.

PRÉPARATION À L'ÉCRITURE

Vous allez écrire un portrait physique et moral d'un des personnages du film. Pour le faire, choisissez un personnage et pensez aux détails de sa personnalité aussi bien qu'à ses actions, ses relations avec les autres et ses sentiments. Qu'est-ce qui rend ce personnage intéressant?

A. Choisissez un sujet

Quel personnage du film allez-vous décrire?
Au choix:

Anne-Sophie	Jean-Michel	Wendy
Isabelle	Martine	Xavier

B. Réfléchissez au contenu

Pour vous aider à préciser vos idées, répondez aux questions suivantes sur le personnage que vous avez choisi.

1. Quels sont ses traits physiques? (De quelle taille est-il/elle? De quelle couleur sont ses yeux et ses cheveux?)

   _____

   _____

   _____

2. Quel type de vêtements porte-t-il/elle?

   _____

   _____

   _____

3. Quelle est sa personnalité? Comment parle-t-il/elle? Est-il/elle plutôt réservé(e) ou expansif (-ive)? Calme ou coléreux (-euse)?

   _____

   _____

   _____

4. Décrivez ses relations avec les autres. Est-il/elle à l'aise? Avec qui est-ce qu'il/elle s'entend bien/mal? Pourquoi, à votre avis?

   _____

   _____

   _____

5. Qu'est-ce qui l'étonne, le/la surprend? Qu'est-ce qui l'irrite? Qu'est-ce qui le/la rend heureux (-euse)?

_____

_____

_____

6. Quelle est sa meilleure qualité? Son plus grand défaut?

_____

_____

_____

7. Dans quelle scène du film voyons-nous le mieux son caractère?

_____

_____

_____

8. Imaginez ce qu'il/elle va faire plus tard (dans l'avenir).

_____

_____

_____

C. Réfléchissez à la langue

Pour écrire un portrait vif et agréable à lire, il faut éviter un vocabulaire trop vague. Le mot **chose** et le verbe **être,** par exemple, ne communiquent pas beaucoup de détails et risquent de rendre votre travail peu intéressant. Retournez au vocabulaire du chapitre et notez les mots et expressions qui peuvent vous aider à bien décrire le personnage que vous avez choisi. Si vous avez besoin de vocabulaire supplémentaire, cherchez-en dans un bon dictionnaire avant de vous mettre à écrire.

D. Organisez votre rédaction

Vous pouvez maintenant travailler à l'organisation de votre travail. Voici deux structures possibles pour votre portrait. Choisissez-en une et notez des idées pour chaque paragraphe.

Structure 1

Paragraphe 1: Commencez par une anecdote, une scène ou une action.

Paragraphe 2: Faites la description physique du personnage.

Paragraphe 3: Décrivez les rapports entre le personnage et les autres.

Paragraphe 4: Expliquez le rapport entre son caractère, ses désirs et ses projets d'avenir.

Structure 2

Paragraphe 1: Présentez les traits physiques du personnage.

Paragraphe 2: Examinez son caractère.

Paragraphe 3: Montrez l'effet de son caractère sur ses rapports avec les autres.

Paragraphe 4: Décrivez une scène qui révèle les traits que vous présentez.

Votre choix:

Paragraphe 1

_____

_____

_____

_____

_____

Paragraphe 2

_____

_____

_____

_____

_____

Paragraphe 3

_____

_____

_____

_____

_____

Paragraphe 4

_____

_____

_____

_____

_____

E. Perfectionnez votre travail

1. Demandez à un(e) camarade de classe de lire votre rédaction et de vous faire des commentaires sur les idées, l'organisation et la langue.

2. Lisez votre travail à voix haute. Vous vous rendrez compte (*You will notice*) plus facilement des problèmes d'organisation, des incohérences, des répétitions et des fautes d'inattention.

3. Faites attention aux points suivants:

a. Les noms et les adjectifs
- Le genre (masculin ou féminin) est-il correct?
- Le nombre (singulier ou pluriel) est-il correct?
- Le déterminant (article défini, indéfini, partitif, etc.) est-il approprié?
- La position des adjectifs (avant ou après le nom) est-elle correcte?

b. Les verbes
- Sont-ils au bon mode (indicatif, subjonctif, infinitif, impératif, conditionnel)?
- Sont-ils au bon temps (présent, imparfait, passé composé, etc.)?
- Leur structure est-elle correcte? (par exemple, faut-il une préposition?)
- La conjugaison est-elle correcte?
- S'accordent-ils avec leur sujet?
- Au passé, l'accord du participe passé est-il correct?

c. L'orthographe (*Spelling*)
- Vérifiez l'orthographe et n'oubliez pas les accents.

d. Le ton et le style
- Assurez-vous que le ton est approprié pour votre sujet et pour votre lecteur/lectrice.
- Évitez les répétitions: Utilisez des synonymes et des pronoms pour remplacer les noms; variez les structures.
- Utilisez des mots de transition (**d'abord, puis, ensuite, aussi, c'est pourquoi, [mal]heureusement, ainsi/de cette façon,** etc.).

> Vous faites une description, alors vous devez utiliser le présent de l'indicatif pour cette composition.

Chapitre **2**

LES RACINES: *Rue Cases-Nègres (1983)*

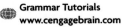 **Grammar Tutorials**
www.cengagebrain.com
• **prepositions**
• **adjectives**
• **interrogatives**

LES MOTS POUR LE DIRE

A. Votre dictionnaire personnel

Trouvez les mots de la **Liste de vocabulaire** (*Séquences*, pages 58–60) qui correspondent aux catégories suivantes.

1. l'histoire de la Martinique

_____

_____

_____

_____

2. l'injustice et l'oppression

_____

_____

_____

_____

3. l'attitude face à l'adversité

_____

_____

_____

_____

4. les études

_____

_____

_____

_____

B. Associations

Trouvez le mot qui s'associe le plus logiquement au verbe indiqué.

___ **1.** mettre le feu   **a.** une devinette

___ **2.** casser   **b.** une allumette

___ **3.** faire la classe   **c.** un instituteur

___ **4.** mentir   **d.** un diplôme

___ **5.** s'installer   **e.** un bol

___ **6.** poser   **f.** une case

___ **7.** tricher   **g.** une punition

___ **8.** obtenir   **h.** un mensonge

C. La meilleure définition

Trouvez la meilleure définition pour les mots suivants.

___ **1.** mulâtre   **a.** un arbre des régions chaudes

___ **2.** résignation   **b.** la cérémonie qui suit une mort

___ **3.** enterrement   **c.** une personne née de parents de races différentes

___ **4.** déménager   **d.** personne qui commande des employés

___ **5.** patron   **e.** changer de résidence

___ **6.** palmier   **f.** l'attitude de quelqu'un qui ne lutte pas

D. L'antonyme le plus proche

Trouvez le contraire des mots suivants.

___ **1.** lutter   **a.** colonie

___ **2.** libre   **b.** se soumettre

___ **3.** métropole   **c.** révolté

___ **4.** résigné   **d.** payant

___ **5.** instituteur   **e.** élève

___ **6.** gratuit   **f.** esclave

E. Le mot juste

Terminez les phrases en utilisant un mot de la **Liste de vocabulaire** du chapitre.

1. Les adultes de la rue Cases-Nègres travaillent dans les _____ de canne à sucre de la plantation.

2. Les adultes punissent souvent les enfants parce qu'ils font beaucoup de _____: ils boivent du rhum, ils cassent un bol, ils mettent le feu aux cases.

3. Les enfants sont responsables de l'_____ qui a détruit les cases du village et brûlé (*burned*) les champs.

4. Les ancêtres de Médouze étaient des _____ (= des personnes sans liberté) qu'on avait transportés d'Afrique en Martinique.

5. José a beaucoup de talent pour les études. C'est un élève _____.

6. José est un élève honnête qui fait ses rédactions tout seul: Il ne _____ pas.

7. Dans le film, José et ses amis _____ l'examen du certificat d'études. José et Tortilla, qui sont de bons élèves, _____ à cet examen.

8. À la fin du film, M'man Tine peut retourner dans son village parce que José a obtenu _____ pour payer ses _____ de scolarité et continuer ses études.

9. Pour être heureux, il faut avoir une identité et connaître ses _____ (= l'endroit d'où on vient; ses origines).

10. Quand il y a des injustices, les personnes résignées se soumettent. Les personnes qui ne sont pas résignées _____.

F. Et vous?

Répondez aux questions en utilisant des phrases complètes.

1. Quels adjectifs de la Liste de Vocabulaire (Séquences, pages 58–60). décrivent votre personnalité?

_____

_____

_____

2. Est-ce que vous vous souvenez d'un de vos instituteurs/une de vos institutrices? Comment s'appelait-il/elle? Pourquoi est-ce que vous vous souvenez de lui/d'elle?

_____

_____

_____

3. Dans votre université, quelles sont les sanctions pour les étudiants qui trichent à un examen ou qui plagient?

_____

_____

_____

4. Êtes-vous parfois en retard en cours Si oui, pourquoi?

_____

_____

_____

5. Combien de fois avez-vous déménagé dans votre vie? Donnez quelques détails sur un déménagement.

_____

_____

_____

6. Dans quelle ville ou quel pays est-ce que vous avez envie de vous installer plus tard?

_____

_____

_____

G. Dictée

Écoutez le passage pour compléter le texte.

_____ (1) de la canne étaient exploités par _____ (2). Certains

_____ (3) et acceptaient _____ (4). D'autres protestaient

quand ils _____ (5) leur paie. M'man Tine, elle, _____

(6), mais elle faisait tout pour que José ne travaille pas dans _____ (7).

Elle l'_____ (8) de manière très stricte pour lui apprendre les bonnes

manières. Elle le _____ (9) quand il faisait _____ (10).

Elle _____ (11) contre les obstacles.

Quand José a réussi le certificat d'études, elle a décidé de _____ (12)

à Fort-de-France, où _____ (13) le lycée. José a pu _____

(14) grâce au courage de sa grand-mère.

PRÉPARATION À LA DISCUSSION

Prononciation: La prononciation des verbes au passé

Avant de faire ces activités, étudiez *Le passé composé* et *Le passé composé et l'imparfait* et faites les exercices des sections **Application immédiate 4 à 11.**

Paying close attention to the distinct pronunciation of the past tenses will help you differentiate between the two as you listen, speak, and write.

- Regular past participles end in final vowels that are pure and tense.

  parlé [e]   *fini [i]*   *rendu [y]*

- The endings of the **imparfait— ais, ait, aient**—are pronounced with an open e—the sound you hear in the words **bête** and **chaise.**

  je parlais   *tu parlais*   *ils parlaient*

- Hearing the difference between the **imparfait** and the **passé composé** will also become easier if you listen closely for the difference in pronunciation between the unaccented **e** in **je** and the closed tense **e** in **j'ai.**

  Je travaillais.   *J'ai travaillé.*

A. La prononciation des verbes au passé: Écoutez et répétez

Practice the pronunciation of verbs in the **imparfait** and the **passé composé** by repeating the forms that you hear.

1. il était	il a été	**6.** je plagiais	j'ai plagié
2. il dansait	il a dansé	**7.** j'embrassais	j'ai embrassé
3. il aimait	il a aimé	**8.** je repassais	j'ai repassé
4. il pleurait	il a pleuré	**9.** j'arrêtais	j'ai arrêté
5. il rêvait	il a rêvé	**10.** je lavais	j'ai lavé

B. La prononciation des verbes au passé: Écoutez et encerclez

1-12   Listen to the sentences and circle the form you hear (**imparfait** or **participe passé**).

1. étaient   été   6. rêvait   rêvé
2. dansait   dansé   7. plagiais   plagié
3. aimais   aimé   8. retrouvais   retrouvé
4. pleurais   pleuré   9. arrêtaient   arrêté
5. embrassait   embrassé   10. lavait   lavé

Parlons de grammaire

The past tenses we are studying in this chapter allow speakers to organize past events and shape their stories.

The **passé composé** presents the events of a story, giving it a plot. If you were to outline the events of a film or book, saying only what happens first and then what happens next, you would use the **passé composé.**

Such a skeletal list of actions, however, would not make for a very interesting story. We also need to know why things happen and under what circumstances. Verbs in the **imparfait** provide this important background and mood—what people were doing, how they were feeling, what the scene was like—that helps a story come alive.

Consider this example:

Un jour, José est allé retrouver son ami Médouze. Il a trouvé la porte fermée. Il a partagé son inquiétude avec M'man Tine. Elle a alerté le village.

This is a very basic outline of one scene in the film. It gives the succession of events—the simple plot. The sentences cannot be rearranged without changing the story considerably or making it nonsensical.

Compare with the following:

La rue Cases-Nègres était un endroit pauvre mais souvent joyeux. L'été, les enfants jouaient ensemble pendant que les adultes travaillaient dans les champs. Il faisait beau et ils trouvaient toujours des activités amusantes. Le soir, les habitants chantaient et dansaient ensemble. Ils racontaient des histoires des ancêtres et de l'Afrique.

The descriptions this paragraph contains can be rearranged without significantly altering its meaning. For example:

L'été, il faisait beau et les enfants s'amusaient ensemble. Les adultes travaillaient dans les champs. Le soir, ils chantaient et dansaient auprès du feu. La rue Cases-Nègres était un endroit pauvre mais souvent joyeux.

La grammaire et le film

C. La vie à Rivière-Salée

Complétez les phrases avec **tous les jours** ou **un jour** pour marquer la différence entre les actions habituelles et les événements de l'histoire.

Exemple: **Tous les jours**, les enfants allaient à l'école à pied.

Un jour, José a cassé la vaisselle de Madame Léonce.

1. _____ M'man Tine travaillait dans les champs.

2. _____ elle a quitté sa case pour être près de l'école de José.

3. _____ José écoutait les histoires de Médouze avec grand plaisir.

4. _____ Médouze lui a donné une petite statue en bois.

5. _____ José allait voir son ami Carmen pour lui apprendre à écrire.

6. _____ José est allé voir Carmen à Fort-de-France.

7. _____ l'instituteur insistait sur l'importance de l'éducation.

8. _____ il a annoncé que José allait continuer ses études à Fort-de-France.

9. _____ le père de Léopold a eu un accident grave.

10. _____ son père lui interdisait de jouer avec les enfants des cases.

> The exercises in this section are film-based. You can do them if you have not seen the film, but they will make much more sense if you have. You will be able to visualize the scenes that are mentioned, and that will help you understand the differences between the **imparfait** and the **passé composé** better.

> If you have seen the film, visualize the scenes to select the right expression. If you have not, pay attention to verb tense.

D. Qu'est-ce qu'ils faisaient et qu'est-ce qu'ils ont fait?

Les phrases suivantes contiennent deux verbes. Un verbe décrit ce que les personnes faisaient (*were doing*, imparfait). L'autre décrit ce que les personnes ont fait (***did***, passé composé). Pour décider, il est utile de se remémorer la scène. Faites deux phrases en conjuguant les verbes au temps approprié.

> If you have seen the film, visualize the scenes to select the right tense. If you have not, read the sentences closely and use your common sense.

Exemple: Quand les enfants ont mis le feu au jardin de Julien Douze Orteils, les adultes (être dans les champs, punir les enfants).

Quand les enfants ont mis le feu au jardin de Julien Douze Orteils, les adultes *étaient dans les champs.*

Quand les enfants ont mis le feu au jardin de Julien Douze Orteils, les adultes *ont puni les enfants.*

1. Quand les enfants ont cassé le bol de M'man Tine, M'man Tine (travailler dans les champs, se fâcher).

_____

_____

2. Quand José a dit à M'man Tine que Médouze n'était pas rentré chez lui, M'man Tine (alerter le village, préparer le dîner).

_____

3. Quand José est passé devant la maison de Mme Léonce en courant, Mme Léonce (faire la lessive, crier des insultes).

_____

_____

4. Quand Léopold est rentré à la maison, sa mère (écouter de la musique, l'embrasser).

_____

_____

5. Quand le père de Léopold est entré dans l'église, les enfants (s'arrêter de parler, réciter le catéchisme).

_____

_____

6. Quand M. Roc a annoncé que José avait réussi au concours, José (lire sur le lit de sa grand-mère, sourire).

_____

_____

E. L'incendie

> Whether you have seen the film or not, read all the sentences before doing the exercise. That will help you visualize the story. If you have not seen the film, think of the sentences as a script and imagine how you would film the scene.

1. Remémorez-vous la scène de l'incendie au début du film et lisez les phrases ci-dessous. Puis indiquez dans la première colonne si chaque phrase parle de l'action elle-même (**A,** ce qui s'est passé) ou des circonstances (**C,** le contexte de l'action).

a. __C__   Les parents *sont* aux champs. _____

b. _____   Les enfants *s'amusent* ensemble. _____

c. __A__   Ils *vont* chez Julien Douze Orteils. _____

d. _____   On *l'appelle* Douze Orteils parce qu'il *a* six orteils à chaque

pied. _____

e. _____   Les enfants ne *l'aiment* pas parce qu'il *boit* trop. _____

f. _____   Ils *trouvent* un œuf dans son jardin et *décident* de le faire cuire.

_____

g. _____   Ils n'*ont* pas d'allumettes. _____

h. _____   Il *faut* aller au magasin de Mme Lina, mais les enfants *ont* trop

peur. _____

i. _____   Aurélie *accepte* d'y aller. _____

j. _____ Elle *prend* une bouteille avec elle. _____

k. _____ Aurélie *demande* du rhum à Mme Lina et puis elle *achète* des

allumettes. _____

l. _____ Mme Lina *croit* qu'Aurélie *fait* les courses pour sa mère qui *est*

enceinte. _____

m. _____ Les enfants *boivent* le rhum. _____

n. _____ Ils *deviennent* ivres. _____

o. _____ Un enfant *met* le feu chez Julien et les autres *rient*. _____

p. _____ Les adultes *travaillent* toute la nuit pour l'éteindre. _____

q. _____ Julien Douze Orteils les *bat*. _____

r. _____ Cet incident *change* la vie de José et de ses amis. _____

2. Maintenant, mettez les verbes en italique au passé composé ou à l'imparfait pour raconter l'histoire au passé. Écrivez la forme correcte des verbes après les phrases de l'exercice précédent.

Et vous?

Votre enfance

Faites des phrases sur le modèle des sections de l'exercice B pour parler de votre enfance. Vous pouvez parler de vous ou de vos parents et amis. Complétez les phrases pour marquer la différence entre les actions habituelles et les événements mémorables. Utilisez un verbe différent dans chaque phrase.

Exemple: **Tous les jours, je mangeais à la cantine de l'école.**

Un jour, mon père m'a apporté un repas de mon fast-food préféré.

La vie à _____ (la ville où vous habitiez)

1. Tous les jours, _____

2. Un jour, _____

3. Tous les jours, _____

4. Un jour, _____

5. Tous les jours, _____

6. Un jour, _____

G. Qu'est-ce que vous faisiez et qu'est-ce que vous avez fait?

Remémorez-vous trois événements marquants de votre enfance (passé composé). Expliquez ce que vous faisiez (imparfait) et comment vous avez réagi / ce que vous avez fait (passé composé).

> *Exemple:* *Événement: J'ai assisté à un accident de voiture.*
>
> *Contexte: Je faisais du vélo.*
>
> *Réaction: J'ai appelé ma mère.*

1. Événement:

   Contexte:

   Réaction:

2. Événement:

   Contexte:

   Réaction:

3. Événement:

   Contexte:

   Réaction:

H. Une bêtise

Maintenant vous allez raconter une bêtise que vous avez faite quand vous étiez jeune.

1. Expliquez brièvement votre bêtise.

   > *Exemple:* *J'ai mangé un gâteau. C'était un cadeau pour les voisins.*

   À vous:

2. Qu'est-ce qui s'est passé? Écrivez les éléments de l'intrigue (*plot*) par ordre chronologique.

   > *Exemple:* *Je suis arrivé de l'école. J'ai vu un beau gâteau dans le frigo. J'ai mangé le gâteau. Ma mère est arrivée. Elle m'a puni.*

   À vous (Faites quatre ou cinq phrases):
   a.
   b.
   c.
   d.
   e.

3. Ajoutez des détails.

   > *Exemple:* *J'avais 8 ans. J'avais faim. Il n'y avait personne à la maison. Le gâteau était un cadeau pour les voisins.*

   À vous:
   a.
   b.
   c.
   d.

4. Insérez les détails dans votre histoire et ajoutez des mots de liaison.

Exemple: *Un jour, quand j'avais 8 ans,* je suis arrivé de l'école. *Il n'y avait personne à la maison.* J'ai vu un beau gâteau dans le frigo. *J'avais faim, alors* j'ai mangé le gâteau. Ma mère est arrivée. Elle m'a puni, *parce que c'était un cadeau pour les voisins.*

À vous:

_____

_____

_____

_____

5. Ajoutez une petite conclusion.

Exemple: *Je n'ai jamais recommencé (I never did that again). / Après cet incident, j'ai attendu ma mère avant de goûter/manger.*

À vous:

_____

L'intrigue

I. Qui parle?

Indiquez le personnage et le moment du film (au début, au milieu, à la fin) qui correspondent aux répliques suivantes.

Répliques	Qui parle? À qui?	Quand? Au début? Au milieu? À la fin?
1. «M. Médouze a fermé sa porte avec du fil de fer (*wire*).»		
2. «Les gendarmes ont arrêté Léopold.»		
3. «Pourquoi tu ne m'as pas dit ce qui se passait avec Mme Léonce?»		
4. «Moi, je ne pensais vraiment qu'à une chose: ma première rencontre avec mon nouveau maître d'école.»		
5. «M. Hassam, ce devoir n'est pas à vous. Vous avez triché.»		
6. «Un jour je vais m'occuper de toi. On aura une grande maison.»		

Source: RUE CASES NEGRES, un film de Euzhan Palcy, 1997, New Yorker Films.

J. Paraphrasez les citations

Maintenant paraphrasez les citations très simplement.

1.

2.

3.

4.

5.

6.

POUR ALLER PLUS LOIN

La grammaire et le film

Avant de faire les exercices de cette section, étudiez **L'accord du participe passé** et **Le plus-que-parfait** et faites les exercices des sections **Application immédiate 12 à 14.**

A. Quelle est la traduction?

Trouvez la bonne traduction des phrases suivantes.

___ 1. M'man Tine was tired; she had worked many hours in the fields.
    a. M'man Tine était fatiguée; elle travaillait plusieurs heures dans les champs.
    b. M'man Tine était fatiguée; elle avait travaillé plusieurs heures dans les champs.
    c. M'man Tine a été fatiguée; elle a travaillé plusieurs heures dans les champs.

___ 2. In the evenings she would smoke her pipe and sing.
    a. Le soir, elle fumait sa pipe et chantait.
    b. Le soir, elle a fumé sa pipe et elle a chanté.
    c. Le soir, elle a fumé sa pipe et elle avait chanté.

___ 3. Mme Léonce was hanging up laundry when she saw José.
    a. Mme Léonce a pendu son linge quand elle a vu José.
    b. Mme Léonce pendait son linge quand elle avait vu José.
    c. Mme Léonce pendait son linge quand elle a vu José.

___ 4. When Léopold came home from school, his mother was listening to music.
    a. Quand Léopold est rentré de l'école, sa mère écoutait de la musique.
    b. Quand Léopold rentrait de l'école, sa mère avait écouté de la musique.
    c. Quand Léopold est rentré de l'école, sa mère a écouté de la musique.

___ 5. When José saw his new jacket, he kissed his grandmother.
    a. Quand José a vu sa nouvelle veste, il a embrassé sa grand-mère.
    b. Quand José a vu sa nouvelle veste, il avait embrassé sa grand-mère.
    c. Quand José a vu sa nouvelle veste, il embrassait sa grand-mère.

___ 6. José gave her the watch she had so often asked for.
    a. José lui a donné la montre qu'elle a si souvent demandée.
    b. José lui donnait la montre qu'elle demandait si souvent.
    c. José lui a donné la montre qu'elle avait si souvent demandée.

___ 7. Mme Lina believed the story that Aurélie told her.
    a. Mme Lina a cru l'histoire qu'Aurélie lui avait racontée.
    b. Mme Lina a cru l'histoire qu'Aurélie lui racontait.
    c. Mme Lina avait cru l'histoire qu'Aurélie lui a racontée.

___ 8. At school, José sat next to Léopold, who lived in town.
    a. À l'école, José s'asseyait à côté de Léopold qui a habité en ville.
    b. À l'école, José s'asseyait à côté de Léopold qui habitait en ville.
    c. À l'école, José s'était assis à côté de Léopold qui habitait en ville.

B. La cause et l'effet

Répondez aux questions suivantes en mettant le verbe au plus-que-parfait.

1. Pourquoi est-ce que José a dû rester à la porte de la classe avec les bras en croix?

   Parce qu'il _____ (arriver en retard).

2. Pourquoi est-ce que Julien Douze Orteils a battu les enfants?

   Parce qu'ils _____ (mettre le feu) à son jardin.

3. Pourquoi est-ce que José était inquiet pour Médouze?

   Parce que Médouze _____ (fermer sa porte) avec du fil de fer *(with wire)*.

4. Pourquoi est-ce que José appréciait tellement la nature?

   Parce que Médouze lui _____ (apprendre) son importance.

5. Pourquoi est-ce que les enfants ont ri quand ils ont vu le feu?

   Parce qu'ils _____ (boire) du rhum.

6. Pourquoi est-ce que José a embrassé sa grand-mère?

   Parce qu'elle lui _____ (acheter) un beau costume.

7. Pourquoi est-ce que Mme Léonce a crié des insultes à José?

   Parce qu'il _____ (se venger) d'elle.

8. Pourquoi est-ce que Léopold s'est révolté après la mort de son père?

   Parce que son père _____ (refuser de le reconnaître).

C. Les derniers jours de M'man Tine

Terminez la narration de la mort de M'man Tine en mettant les verbes à l'imparfait, au passé composé ou au plus-que-parfait. Avant de commencer, remémorez-vous la scène ou visionnez-la à nouveau. Vous pouvez aussi la visualiser à l'aide du scénario fictif *(made-up script)* qui suit.

Scénario fictif

José rentre de l'école. Il y a Mme Fusil devant la porte. Elle parle à José.

Dialogue: "José, ta grand-mère est tombée malade. C'est M. Saint Louis qui l'a ramenée. Je t'ai préparé ton repas. Mange!"

José n'a pas faim. Il regarde M'man Tine et lui parle.

Dialogue: "Je vais m'occuper de toi, je te le promets."

M'man Tine sourit et s'endort. Elle meurt quelque temps plus tard. José est très triste.

Plus tard, José quitte la rue Cases-Nègres. On entend une voix-off qui dit: «Demain, je vais partir pour Fort-de-France en emportant avec moi ma rue Cases-Nègres.»

Un jour quand José _____ (1) (rentrer) de l'école, il _____ (2) (voir) Mme Fusil devant sa porte. Elle lui _____ (3) (apprendre) que M'man Tine _____ (4) (tomber) malade et que M. Saint Louis l'_____ _____ (5) (ramener) chez elle. Mme Fusil _____ (6) (dire) à José de manger, mais José _____ (7) (ne pas avoir) faim du tout. Il _____ (8) (regarder) M'man Tine et lui _____ (9) (promettre) de s'occuper d'elle. La vieille dame _____ (10) (sourire) et _____ (11) (s'endormir). Quand elle _____ (12) (mourir) quelque temps plus tard, José _____ (13) (être) très triste. Mais quand il _____ (14) (quitter) la rue Cases-Nègres, il _____ (15) (emporter) avec lui toutes les choses qu'elle lui _____ (16) (apprendre).

D. Vérifiez les accords

Un ami vous demande de regarder ses notes et de faire les accords du participe passé si cela est nécessaire. Examinez bien ses phrases et mettez les accords qui manquent. Mettez un Ø si l'accord n'est pas nécessaire.

1. Aurélie est allé_____ chez Mme Lina pour demander des allumettes.

2. José a essayé de recoller le bol que les enfants avaient cassé _____.

3. José n'a jamais oublié les histoires que Médouze lui avait raconté_____.

4. Carmen a écrit des lettres, et José les a corrigé_____.

5. José a reçu_____ une bourse pour continuer ses études.

6. Tortilla a beaucoup aimé la montre que José lui avait donné_____.

7. Pour remercier sa grand-mère il l'a embrassé_____ très fort.

8. M'man Tine s'est installé_____ à Fort-de-France pour payer les frais de scolarité.

9. Le maître d'école a lu la composition que José avait écrit_____ devant la classe.

10. M'man Tine est mort_____ dans sa case à Rivière-Salée.

E. Imaginez: José raconte un souvenir de son enfance

Au lycée, José devait faire des rédactions, et il a écrit un très bon devoir sur Médouze. Maintenant, il doit écrire une rédaction intitulée « Un souvenir de mon enfance » et il a choisi de parler du jour où il est arrivé en retard à l'école.

Écrivez un paragraphe contenant un minimum de dix verbes différents à l'imparfait, au passé composé ou au plus-que-parfait. Avant de commencer, remémorez-vous la scène ou visionnez-la à nouveau. Vous pouvez aussi vous inspirer des questions suivantes:

What was the class doing when he arrived?

How did the teacher punish him? Where did he tell him to wait?

Did José stay there long? What else did he do (give some details), and why?

What happened when he came back? Did the teacher notice what José had done?

Un jour, je suis arrivé en retard à l'école.

Vocabulaire utile:
arriver / être en retard: *to arrive / be late*
faire la vaisselle: *to do the dishes*
attendre dehors: *to wait outside*
se venger: *to take revenge*
courir (participe passé: couru): *to run*
lancer une pierre: *to throw a stone*
remarquer l'absence de quelqu'un: *to notice someone's absence*
poser une question: *to ask a question*
répondre à (une question): *to answer*
essoufflé: *out of breath*

_____

_____

_____

_____

_____

_____

_____

_____

_____

_____

Et vous?

F. Des événements mémorables de votre enfance

Faites cinq phrases dans lesquelles vous décrivez des événements mémorables de votre enfance (au passé composé) et leurs causes (au plus-que-parfait).

Exemple: Un jour, j'ai eu un zéro parce que mon chien avait mangé ma composition.

1.

2.

3.

4.

5.

PRÉPARATION À LA LECTURE

A. Les renseignements culturels: Maryse Condé et la Guadeloupe

La lecture de ce chapitre est un extrait de *Traversée de la mangrove* (1989), un roman de Maryse Condé. Pour mieux connaître l'auteur et l'endroit où se passe l'histoire, visitez les sites que vous trouverez sur **www.cengagebrain.com** et cherchez des réponses au maximum de questions suivantes.

Maryse Condé

1. Où et quand Maryse Condé est-elle née?

_____

_____

2. Où a-t-elle fait ses études?

_____

_____

3. Dans quels pays a-t-elle vécu?

_____

_____

4. Quels types de livres écrit-elle? Où se passent les histoires qu'elle raconte?

_____

_____

5. En plus de l'écriture, quelles sont ses autres activités professionnelles?

_____

_____

La Guadeloupe

1. Où se trouve la Guadeloupe? Comment s'appellent les deux plus grandes îles qui composent son territoire? Quelle est la ville la plus importante?

2. Depuis quand est-ce que la Guadeloupe est un département d'outre-mer? Combien de sénateurs et de députés (*representatives*) la représentent au Parlement français?

3. Quelles sont les deux productions agricoles les plus importantes de la Guadeloupe?

B. Vocabulaire: Les mots apparentés

Grâce au vocabulaire que vous connaissez déjà, devinez le sens des mots de la troisième colonne.

	Mot connu	Traduction anglaise	Mot apparenté	Traduction anglaise
1.	brillant	*brilliant, shiny*	briller	
2.	suffisant	*sufficient*	suffire	
3.	rien	*nothing*	ces mille riens	
4.	secret	*secret*	secrètement	
5.	à côté	*next to*	à mes côtés	
6.	vivre	*to live*	vivant	
7.	ferme	*firm*	fermement	
8.	réunion	*reunion, meeting*	se réunir	
9.	chanter	*to sing*	chantonner	
10.	appeler	*to call*	rappelé	

C. En d'autres mots

Maryse Condé nous communique les expériences de son personnage par l'intermédiaire d'un langage riche en images. Liez les citations de l'article que vous allez lire (1–7) aux explications suggérées ci-dessous (a–g).

___ **1.** «… les hommes me regardaient et leurs yeux brillaient.»

___ **2.** «Au lycée j'étais la première partout et les professeurs disaient que j'irais loin.»

___ **3.** «Cinq bouches à nourrir sur des gammes, des arpèges et *Le Clavecin bien tempéré.*»

___ **4.** «… une lampe éternelle brûlait devant la photo de mon père…»

___ **5.** «Sous ses beaux discours, il méprisait (*despised*) secrètement ses compatriotes et ne se sentait en harmonie qu'avec les métropolitains qui défilaient (= qui mangeaient) à notre table.»

___ **6.** «Des inscriptions injurieuses, «De Gaulle assassin», «À bas le colonialisme»…»

___ **7.** «Emmanuel Pélagie avait été frappé, puis arrêté par les forces de l'ordre…»

a. La narratrice était très belle.

b. Son mari est un homme faux et prétentieux.

c. Sa mère ne gagnait pas assez d'argent pour nourrir ses enfants.

d. Le père de la narratrice était mort et manquait beaucoup à sa famille.

e. L'histoire se passe pendant une période de l'histoire très mouvementée.

f. Avant son mariage, la narratrice a reçu une bonne éducation.

g. Son mari a été puni pour ses activités politiques.

Maryse Condé, Traversée de la Mangrove © Mercure de France, 1989

D. Imaginez des situations

Vous allez rencontrer les situations suivantes dans les extraits de *Traversée de la mangrove* que vous allez lire en classe. Dans ce roman, une femme raconte son mariage à l'âge de 16 ans à un homme qu'elle n'aime pas. Pour vous préparer à mieux comprendre le texte, imaginez le contexte des situations que vous allez y rencontrer. Écrivez une ou deux phrases pour répondre à chaque question.

1. Pour quelles raisons est-ce qu'une fille se mariait parfois à 16 ans autrefois / se marie parfois à 16 ans dans certaines parties du monde?

   _____

   _____

   _____

2. Quel type de personne est-ce que vos parents choisiraient (*would choose*) pour vous comme partenaire? Y a-t-il des différences entre leurs préférences et les vôtres?

   _____

   _____

   _____

3. Quelles sont les caractéristiques d'un mari difficile et désagréable?

   _____

   _____

4. Imaginez les activités et les sentiments d'une jeune femme qui se trouve obligée de vivre avec un homme qu'elle n'aime pas. Que fait-elle tous les jours? Comment se sent-elle?

   _____

   _____

   _____

5. Imaginez un événement qui pourrait (*could*) changer cette situation.

   _____

   _____

   _____

E. La lecture

Parcourez les extraits du roman *Traversée de la mangrove* dans votre manuel.

PRÉPARATION À L'ÉCRITURE

Le film *Rue Cases-Nègres* est inspiré par une œuvre autobiographique. Réfléchissez maintenant aux événements de votre vie pour préparer votre propre récit autobiographique.

A. Choisissez un sujet

Pour choisir un sujet, vous pouvez vous inspirer des éléments du film.

Un ami qui vous inspire

José a beaucoup travaillé à l'école, mais on peut dire que son amour du savoir a commencé avec ses conversations avec M. Médouze. Quelle personne a eu le plus d'influence sur vos intérêts et vos succès dans la vie? Quand et où l'avez-vous rencontré(e)? Comment est-ce que cette personne vous a inspiré(e) — par ses actions, ses paroles, sa façon de vivre? Vous souvenez-vous d'un moment ou d'une conversation précise avec cette personne?

Un incident regrettable

Quand ils étaient jeunes, José et ses amis ont cassé le bol de M'man Tine et ont même causé un incendie. Vous souvenez-vous d'un incident regrettable dont vous avez été responsable?

Une vengeance

Pour se venger de Mme Léonce, qui est responsable de son retard à l'école, José jette une pierre sur sa vaisselle pour la casser. Vous êtes-vous déjà vengé(e)? De qui vous êtes-vous vengé(e)? Qu'est-ce que cette personne avait fait pour causer cette vengeance?

Un déménagement

En très peu de temps, M'man Tine et José ont dû déménager deux fois. Est-ce que vous avez déjà quitté un lieu que vous aimiez? Pour quelles raisons avez-vous dû partir? Quelles émotions est-ce que vous avez ressenties quand vous avez dû déménager? Comment avez-vous réagi? Que s'est-il passé le jour où vous êtes parti(e)?

Une nouvelle école

José est très heureux d'aller à sa nouvelle école à Fort-de-France, mais les premiers jours dans une nouvelle école ne sont pas toujours faciles. Quels souvenirs avez-vous de votre arrivée dans une nouvelle école? Pourquoi ces souvenirs sont-ils si vifs (*vivid*)? Quelle importance a eu cette expérience dans votre vie?

B. Réfléchissez au contenu

Avant de vous mettre à écrire, réfléchissez aux éléments essentiels de votre histoire et à la structure d'un bon récit. Notez quelques idées pour chaque point.

Le moment de la vie

À quel moment de votre vie est-ce que votre histoire s'est passée? Décrivez la saison, le temps et le moment de la journée.

_____

_____

_____

Le lieu

Où étiez-vous au moment de votre histoire? Pensez aux sons et aux couleurs de votre environnement. Est-ce que c'était un endroit que vous aimiez ou est-ce qu'il vous était désagréable? Pourquoi?

_____

_____

_____

Les participants

Qui était avec vous au moment de votre histoire? Pouvez-vous décrire ces personnes? Quelles relations aviez-vous avec elles? Aviez-vous des sentiments positifs ou négatifs pour ces personnes? Décrivez leurs actions pendant l'histoire.

_____

_____

_____

L'événement

Que s'est-il passé? Notez bien toutes les actions importantes. Comment avez-vous réagi? Et les autres?

_____

_____

_____

C. Réfléchissez à la langue

Le vocabulaire

De quel vocabulaire avez-vous besoin pour raconter votre histoire? Quel nouveau vocabulaire allez-vous intégrer dans votre rédaction? Avant de vous mettre à écrire, consultez un bon dictionnaire et le vocabulaire du chapitre.

La grammaire

Faites attention à bien utiliser les temps du passé. Réutilisez les techniques que vous avez utilisées dans **Préparation à la discussion** et **Pour aller plus loin** pour déterminer quels temps vous allez choisir.

D. Organisez votre rédaction

Pour varier le rythme de votre histoire, faites alterner la narration des événements et la description des circonstances et des émotions.

E. Perfectionnez votre travail

1. Demandez à un(e) camarade de classe de lire votre rédaction et de vous faire des commentaires sur les idées, l'organisation et la langue.

2. Lisez votre travail à voix haute. Vous vous rendrez compte (*You will notice*) plus facilement des problèmes d'organisation, des incohérences, des répétitions et des fautes d'inattention.

3. Faites attention aux points suivants:

a. Les noms et les adjectifs
- Le genre (masculin ou féminin) est-il correct?
- Le nombre (singulier ou pluriel) est-il correct?
- Le déterminant (article défini, indéfini, partitif, etc.) est-il approprié?
- La position des adjectifs (avant ou après le nom) est-elle correcte?

b. Les verbes
- Sont-ils au bon temps (présent, imparfait, passé composé, etc.)?
- Leur structure est-elle correcte? (par exemple, faut-il une préposition après le verbe?)
- La conjugaison est-elle correcte?
- S'accordent-ils avec le sujet?
- Au passé composé et au plus-que-parfait, avez-vous choisi le bon auxiliaire?
- L'accord du participe passé est-il correct?

c. L'orthographe (*Spelling*)
- Vérifiez l'orthographe et n'oubliez pas les accents.

d. Le ton et le style
- Assurez-vous que le ton est approprié pour votre sujet et pour votre lecteur/ lectrice.
- Évitez les répétitions: Utilisez des synonymes et des pronoms pour remplacer les noms; variez les structures.
- Utilisez des mots de transition (**un jour, d'abord, puis, ensuite, finalement, aussi, c'est pourquoi, [mal]heureusement, ainsi / de cette façon**, etc.).

Chapitre 3

DE L'ADOLESCENCE À L'ÂGE ADULTE:
Persépolis (2007)

Grammar Tutorials
www.cengagebrain.com
• prepositions
• adjectives
• interrogatives

LES MOTS POUR LE DIRE

A. Votre dictionnaire personnel

Trouvez les mots de la **Liste de vocabulaire** (*Séquences,* pages 82–84) qui correspondent aux catégories suivantes.

> Except for a few sentences in **Le mot juste,** the exercises in the **Les mots pour le dire** section can be done without seeing the film, but they make more sense if you watch the film first.

1. l'oppression politique et religieuse

_____

_____

_____

_____

2. l'opposition politique

_____

_____

_____

_____

3. la guerre

_____

_____

_____

_____

4. la santé mentale

_____

_____

_____

_____

5. l'exil

_____

_____

_____

_____

B. Le synonyme le plus proche

Référez-vous à la **Liste de vocabulaire** (*Séquences*, pages 82–84) pour trouver le synonyme le plus proche.

___**1.** s'habituer   **a.** honnête

___**2.** s'intégrer   **b.** partir

___**3.** grossier   **c.** s'adapter

___**4.** opposant   **d.** souffrance

___**5.** s'enfuir   **e.** censurer

___**6.** intègre   **f.** vulgaire

___**7.** chagrin   **g.** faire partie

___**8.** interdire   **h.** ennemi

C. Associations

Trouvez le ou les adjectif(s) qui correspond(ent) le mieux à chaque verbe ou expression. Référez-vous à la **Liste de vocabulaire** (*Séquences*, pages 82–84).

1. avoir le mal du pays _____

2. avoir son franc-parler _____

3. comprendre _____

4. critiquer _____

5. interdire _____

6. souffrir _____

7. surmonter les difficultés _____

8. tromper _____

D. Le mot juste

Terminez les phrases en utilisant des mots de la **Liste de vocabulaire** (*Séquences*, pages 82–84). Faites attention aux temps et à la conjugaison des verbes.

1. Marjane Satrapi est allée à la Faculté des Beaux-Arts de Téhéran pour apprendre à

   _____.

2. Le film *Persépolis* est basé sur un flashback: Marjane adulte _____

   de son passé.

3. Sous un régime _____, les gens n'ont pas de liberté et on exécute

   parfois les opposants politiques.

4. L'oncle Anouche a quitté son pays précipitamment. Il s'est _____

   en URSS pour échapper au régime du Shah.

5. L'Irak a envahi l'Iran en 1980 et la _____ entre les deux pays a fini

   en 1988.

6. Dans les pays musulmans, les femmes portent souvent le _____

   pour cacher leurs cheveux.

7. Quand on veut protester dans les rues de manière organisée, on participe à une

   _____.

8. Marjane était amoureuse, alors elle _____ Markus: elle le trouvait

   beau et brillant, alors qu'il était laid et médiocre.

9. Marjane a eu un(e) _____ quand elle s'est rendu compte que

   Markus n'était pas fidèle.

10. Puis elle a fait une _____ de suicide en absorbant beaucoup de

    médicaments.

E. Et vous?

Répondez aux questions par des phrases complètes en consultant la **Liste de vocabulaire** (*Séquences*, pages 82–84).

1. Est-ce que la BD est un genre que vous appréciez? Pourquoi?

_____

_____

2. Regardiez-vous des films d'animation quand vous étiez plus jeune? Quel était votre film d'animation préféré? En regardez-vous encore aujourd'hui?

_____

_____

3. Quels adjectifs de la **Liste de vocabulaire** décrivent votre personnalité?

_____

_____

4. Connaissez-vous quelqu'un qui est ou était dans l'armée? Est-ce que cette personne a fait la guerre? Où?

_____

_____

5. Quels types de manifestations est-ce qu'il y a aux États-Unis? Pourquoi est-ce que les gens protestent? Est-ce que vous avez déjà participé à une manifestation?

_____

_____

6. Décrivez une difficulté que vous avez eue dans la vie et expliquez comment vous l'avez surmontée.

_____

_____

◀)) F. Dictée

1-20

Après avoir révisé la **Liste de vocabulaire** (*Séquences*, pages 82–84), écoutez le passage sur le film et complétez le texte.

Marjane et sa famille ont beaucoup _____ (1) à cause de la

situation politique de l'Iran. Ils vivaient sous un régime _____ (2)

et _____ (3), dans un pays en _____ (4).

L'oncle de Marjane a passé de nombreuses années en prison et, finalement, il

_____ (5). Des amis de la famille _____

(6), mais les parents de Marjane ont préféré rester à Téhéran. Après l'instauration de la

République islamique, Marjane et sa mère ont dû porter _____ (7).

Marjane avait du mal à _____ (8) aux restrictions. Elle aimait porter

_____ (9) et des vêtements _____ (10), et

elle achetait des cassettes au marché noir. Elle avait _____ (11) et

n'hésitait pas à critiquer les professeurs qui _____ (12) au régime.

Ses parents _____ (13) pour elle et ils ont décidé de l'envoyer faire

ses études secondaires _____ (14).

PRÉPARATION À LA DISCUSSION

Prononciation: La prononciation des adjectifs

Although the written form of most adjectives changes to some extent according to the gender and number of the noun being modified, only certain types of adjectives change their pronunciation. Compare:

> déprimé, déprimés, déprimée, déprimées

All forms of adjectives that end in a mute **e** or an **é** share the same pronunciation.

> inquiet, inquiets, inquiète, inquiètes

The final consonant is usually silent in masculine adjectives and pronounced in feminine adjectives.

> intellectuel, intellectuels, intellectuelle, intellectuelles

When the adjective ends in a consonant that is pronounced—this frequently occurs with consonants **c**, **r**, **f**, and **l**—the masculine and feminine forms sound very similar, but the feminine form is more stressed.

> musulman, musulmans, musulmane, musulmanes

For some adjectives, the vowel preceding the final consonant is pronounced differently in the masculine and feminine forms. Other exemples include adjectives such as **brun/brune, américain/américaine, iranien/iranienne,** etc.

A. La prononciation des adjectifs I

Before listening to the recording, underline the adjectives in this list that have different pronunciations in the masculine and feminine forms.

1. respectueux
2. déçu
3. cultivé
4. grossier
5. idéaliste
6. ignorant
7. compréhensif
8. intellectuel
9. long
10. original

Now check your answers by listening to and repeating the masculine and feminine forms of the adjectives.

> Avant de faire ces activités, étudiez **Les noms, les articles, les expressions de quantité et les adjectifs** B–F dans la section grammaire du chapitre 3 et faites les exercices d'**Application immédiate** qui correspondent.

B. La prononciation des adjectifs II

1-23   Circle the form of the adjective that you hear in the following sentences. Note that you sometimes have to rely on context to decide.

Masc. Sing.	Masc. Pl.	Fem. Sing.	Fem. Pl.
1. direct	directs	directe	directes
2. respectueux	respectueux	respectueuse	respectueuses
3. déçu	déçus	déçue	déçues
4. musulman	musulmans	musulmane	musulmanes
5. idéaliste	idéalistes	idéaliste	idéalistes
6. ignorant	ignorants	ignorante	ignorantes
7. compréhensif	compréhensifs	compréhensive	compréhensives
8. fier	fiers	fière	fières
9. long	longs	longue	longues
10. original	originaux	originale	originales

C. La prononciation des adjectifs III

1-24   Practice the pronunciation of adjective forms by repeating the phrases you hear.

1. ce vieux port	ce vieil homme	ces vieilles maisons
2. un beau jour	un bel enfant	les beaux-arts
3. un nouveau livre	un nouvel hôpital	de nouvelles idées
4. un bon journal	une bonne question	de bons amis
5. un film étranger	une langue étrangère	des mots étrangers
6. mon meilleur ami	ma meilleure amie	mes meilleurs amis
7. son sac blanc	sa veste blanche	ses gants blancs
8. cet homme heureux	cette femme heureuse	ces enfants heureux
9. un faux pas	une fausse identité	de faux amis
10. le premier homme	la première fois	les premiers jours

D. La prononciation de l'article indéfini et du partitif

1-25   Listen to the following sentences and circle the word or words you hear. Then repeat the entire sentence after the speaker.

1. de	de l'	de la	des	du
2. de	de l'	de la	des	du
3. de	de l'	de la	des	du
4. de	de l'	de la	des	du
5. de	de l'	de la	des	du
6. de	de l'	de la	des	du
7. de	de l'	de la	des	du
8. de	de l'	de la	des	du
9. de	de l'	de la	des	du
10. de	de l'	de la	des	du

Parlons de grammaire

Les déterminants (les articles définis et indéfinis, les adjectifs démonstratifs et possessifs)

Determinants shape the nouns they modify and are therefore powerfully important to communication. Their use in French is very similar to their use in English, and yet native English speakers still frequently misuse the forms when writing and speaking French. Why might this happen?

An important first step to reducing errors is to recognize the importance of determinants in successful communication. At first glance, **un** and **la** may just look like insignificant words that convey little information and are therefore not worth worrying about—but nothing could be further from the truth.

Consider the following sentences:

My cat is sleeping.	**Mon chat dort.**
The cat is sleeping.	**Le chat dort.**
A cat is sleeping	**Un chat dort.**
This cat is sleeping.	**Ce chat dort.**

Under what circumstances might you say each of these sentences? Are they interchangeable? In fact, the difference in determinant changes the meaning of the sentence as a whole.

La grammaire et le film

E. Le chien de Frau Schloss

Voici ce que Marjane pourrait dire sur le chien de sa logeuse. Complétez le paragraphe avec le groupe nominal qui convient.

son petit chien	un petit chien
le petit chien	ce petit chien

Frau Schloss adore _____ (1), Youki. Elle dit que c'est

_____ (2) adorable. Mais si _____ (3) trouve

quelqu'un désagréable, il le mord. Moi, je n'aime pas _____ (4) de

Frau Schloss.

F. Marjane enfant à Téhéran

Complétez les phrases avec l'article qui convient (**un, une, des, de; le, la, l', les; de l', du, de la**). S'il ne faut pas d'article, utilisez Ø.

Quand Marjane était enfant, elle habitait dans _____ (1)

bel appartement à Téhéran avec ses parents et sa grand-mère. Elle n'avait pas

_____ (2) frères et sœurs, mais elle avait beaucoup de/d'

_____ (3) amis. Elle menait _____ (4)

vie tranquille. Elle aimait Bruce Lee et _____ (5) frites avec

_____ (6) ketchup. Elle portait _____ (7)

Adidas. Elle pensait qu'il y avait _____ (8) injustices dans

_____ (9) monde, et elle voulait y remédier. Par exemple, elle pensait

que _____ (10) pauvres devaient manger _____ (11)

poulet tous les jours et elle ne voulait pas que _____ (12) vieilles

femmes souffrent. Elle avait _____ (13) ambition, mais peu

de _____ (14) patience. _____ (15) vie

de Marjane a changé quand _____ (16) gens se sont révolté

contre _____ (17) régime du Shah. Ses parents n'aimaient pas

_____ (18) Shah. Ils voulaient moins de _____ (19)

répression et plus de _____ (20) démocratie.

G. Marjane et les femmes voilées

Un jour, deux femmes voilées ont arrêté Marjane dans la rue parce qu'elle portait des vête-ments « punk ». Voici le dialogue du film. Complétez-le avec la forme correcte de l'adjectif démonstratif (**ce, cet, cette, ces**).

Une femme: Hé toi! C'est quoi _____ (1) tenue? C'est quoi

_____ (2) chaussures de punk?

Marjane: Comment? _____ (3) chaussures de punk?

La femme: Ça là!

Marjane: Mais c'est des baskets.

La femme: Non. C'est punk!

Marjane: C'est parce que je fais du basket au club de mon école.

La femme: Et _____ (4) veste! C'est pour faire du basket aussi? Et

ça? Qu'est-ce que c'est? Michael Jackson? _____ (5) symbole de

décadence occidentale!

Marjane: Pas du tout, madame. C'est… c'est… c'est Malcolm X.

Vocabulaire utile
une tenue: *outfit*
une veste: *jacket*
un symbole: *symbol*

Malcolm X (1925–1965) was a black rights activist who converted to Islam.

H. Les changements politiques

Les parents de Marjane (Ebi, son père, et Tadji, sa mère) et son oncle Anouche discutent des changements qui ont eu lieu après la Révolution islamique. Complétez le paragraphe avec les adjectifs possessifs suivants. Dans certains cas, plusieurs réponses sont possibles.

mon	ta	son	sa	ses	notre	nos	votre	leur	leurs

Anouche: Ebi et Tadji, je suis d'accord avec vous. _____ (1) pays a beaucoup souffert. Beaucoup de _____ (2) camarades sont morts pour _____ (3) idéaux. Avez-vous des nouvelles de _____ (4) ami Siamak et de _____ (5) femme?

Ebi: Oui, ils ont quitté le pays avec _____ (6) fille. Elle était triste de quitter _____ (7) amies.

Anouche: Tadji, comment va _____ (8) mère?

Tadji: Maman va bien. Elle est habituée aux tragédies après la mort de _____ (9) mari. Mais elle ne peut pas supporter de me voir avec _____ (10) foulard sur la tête.

I. La transformation physique de Marjane

Voici comment Marjane décrit sa transformation physique entre 15 et 16 ans. Ajoutez le mot manquant pour compléter le paragraphe. Utilisez des articles (1–3) et l'adjectif possessif **mon, ma, mes** (4–14).

« En quelques mois, _____ (1) gamine que j'étais devint _____ (2) jeune femme. Ce fut _____ (3) période de laideur sans cesse renouvelée. Tout d'abord, je grandis de dix-huit centimètres. Puis _____ (4) tête changea. _____ (5) visage s'allongea. Puis _____ (6) œil droit grossit, talonné par _____ (7) menton. _____ (8) main droite devint énorme. Puis _____ (9) pied gauche. _____ (10) nez tripla de volume. _____ (11) poitrine se développa. _____ (12) fesses apparurent, rétablissant ainsi _____ (13) centre de gravité. Et pour finir, un énorme grain de beauté décora _____ (14) nez ».

This paragraph is the script for the scene about Marjane's physical transformation (50'50–51'25). It is in the **passé simple**, a literary equivalent of the **passé composé**. Refer to the **Appendix** on page 331 for an explanation of this tense.

Vocabulaire utile

le centre de gravité: *center of gravity*

les fesses: *buttocks*

le grain de beauté: *beauty spot*

la main: *hand*

le menton: *chin*

le nez: *nose*

l'œil: *eye*

le pied: *foot*

la poitrine: *breast*

la tête: *head*

le visage: *face*

Et vous?

J. Votre portrait physique

Faites votre portrait physique en terminant les phrases ci-dessous avec des adjectifs du **Vocabulaire utile.**

> **Vocabulaire utile**
>
> **L'apparence générale** *general appearance*
>
> grand, petit, de taille moyenne (*tall, short, of average height*)
>
> gros, maigre, mince, musclé (*big/fat, skinny, thin, muscular*)
>
> **La tête** *head*
>
> • la bouche (*mouth*): charnu, épais, fin, mince, souriant (*fleshy, thick, fine, thin, smiling*)
>
> • les cheveux (*hair*): blanc, blond, châtain, gris, noir, roux (*white, blond, brown, gray, black, red*); court, long, mi-long (*short, long, shoulder-length*); crépu, frisé, ondulé, raide (*frizzy, curly, wavy, straight*); fin, épais (*fine, thick*)
>
> • le nez (*nose*): camus, crochu, droit, épais, fin, plat, pointu, retroussé, tordu (*short and flat, hooked, straight, thick, thin, flat, pointed, upturned, crooked*)
>
> • le teint (*complexion*): blanc, bronzé, brun, clair, noir, pâle, rosé (*white, tanned, brown, fair, black, pale, rosy*)
>
> • le visage (*face*): carré, ovale, rond (*square, oval, round*)
>
> • les yeux (*eyes*): bleu, bleu-vert, gris, marron, noisette, vert (*blue, blue green, gray, brown, hazel, green*)
>
> **Les signes particuliers** *distinguishing features*
>
> chauve *bald*
>
> la barbe *beard*
>
> la cicatrice *scar*
>
> la fossette *dimple*
>
> le grain de beauté *beauty spot*
>
> les lunettes *eye glasses*
>
> la moustache *moustache*
>
> le piercing *body piercing*
>
> les rides *wrinkles*
>
> les tâches de rousseur *freckles*
>
> le tatouage *tattoo*

1. Je suis _____ et _____.

2. J'ai le teint _____.

3. Mon visage est _____.

4. J'ai les cheveux _____ et _____.

5. Mes yeux sont _____.

6. J'ai le nez _____.

7. Ma bouche est _____.

8. Signe(s) particulier(s) [Faites une phrase complète]: _____

_____

L'intrigue

K. La vie de Marjane en Europe

D'abord, numérotez les phrases suivantes dans l'ordre chronologique. Puis réécrivez les verbes soulignés au passé (passé composé ou imparfait).

_1_ **a.** Marjane <u>vit</u> dans un internat tenu par des religieuses. _____*a vécu*_____

___ **b.** Elle <u>passe</u> plusieurs nuits dehors et elle <u>se retrouve</u> à l'hôpital. _____
_____ _____

___ **c.** Elle <u>téléphone</u> à ses parents parce qu'elle <u>veut</u> rentrer en Iran. _____
_____

___ **d.** Elle <u>rencontre</u> Markus, l'homme de sa vie. _____

___ **e.** Elle <u>devient</u> amie avec les marginaux du lycée. _____

___ **f.** Elle <u>sort</u> avec Fernando, mais il <u>découvre</u> qu'il <u>est</u> homosexuel. _____
_____ _____

___ **g.** Markus la <u>trompe</u> avec une autre fille. _____

___ **h.** Elle <u>déménage</u> chez Frau Schloss, une prof de philosophie à la retraite.
_____

POUR ALLER PLUS LOIN

La grammaire et le film

Avant de faire ces activités, étudiez **Les noms, les articles, les expressions de quantité et les adjectifs** F dans la section grammaire du chapitre 3 et faites les exercices d'**Application immédiate** qui correspondent.

A. Les études d'art à Téhéran: *La Naissance de Vénus* de Botticelli

Cherchez une reproduction du tableau *La Naissance de Vénus* sur Internet, puis complétez la description de ce tableau avec la forme correcte des adjectifs suivants. Faites attention à la position des adjectifs.

beau	gauche	joli	occidental
blanc	grand	long	ondulé
bleu	gros	mince	ovale
célèbre	italien	moyen	sensuel
droit	jeune	nu	vert

Dans son cours d'art, Marjane apprend à connaître les classiques de la peinture _____ (1), comme *La Naissance de Vénus,* un tableau _____ (2) du _____ (3) peintre _____ (4) Botticelli. La Vénus de Botticelli est une _____ (5) femme _____ (6). Elle a un _____ (7) visage _____ (8) et de _____ (9) cheveux _____ (10). Elle tient ses cheveux dans sa main _____ (11) et elle a la main

_____ (12) sur la poitrine. Elle a la peau _____ (13). Elle est

de corpulence _____ (14), ni trop _____ (15), ni

trop _____ (16). Les tons du tableau sont _____ (17)

et _____ (18). Le tableau de Botticelli qui est présenté aux

_____ (19) étudiantes d'art à Téhéran a été transformé. On ne voit pas le

corps de Vénus, car il est indécent de montrer des femmes _____ (20).

B. La description des personnages I

Lisez les explications sur les deux manières de dire *He is, She is,* and *They are* en français
dans **Appendix** (*Séquences*, page 327). Puis complétez les phrases avec une des expressions
suivantes:

| C'est | Ce sont | Il est | Elle est | Ils sont | Elles sont |

1. Ebi et Tadji Satrapi: _____ les parents de Marjane.

_____ des Iraniens de Téhéran. _____

modernes et éduqués.

2. Anouche: _____ l'oncle de Marjane. _____

un révolutionnaire. _____ combattif.

3. Mme Nasrine: _____ la voisine des Satrapi.

_____ triste parce que son fils veut s'engager dans l'armée.

4. Ève et Birgit: _____ autrichiennes. _____

des amies de Marjane à Vienne. _____ sympathiques.

C. La description des personnages II

Référez-vous à la **Liste de vocabulaire** (*Séquences*, pages 82–84) et à l'affiche du film à la
page 61 de *Séquences* pour décrire les personnages suivants. Faites alterner des phrases avec
C'est / Ce sont et **Il est / Elle est / Ils sont / Elles sont**. Faites attention à la position
et à l'accord des adjectifs.

Exemple: Ebi Satrapi

*C'est un homme intelligent et sensible qui aime la démocratie et la justice. Il
est très fier de sa fille, Marjane.*

1. Tadji Satrapi _____

_____

2. l'oncle Anouche _____

_____

3. la grand-mère _____

_____

4. Marjane enfant _____

_____

5. Marjane adulte _____

_____

6. les femmes voilées qui critiquent les vêtements de Marjane _____

_____

D. La comparaison des personnages

Comparez les personnages indiqués en vous inspirant des adjectifs proposés. N'oubliez pas d'accorder l'adjectif avec le nom qu'il décrit.

amusant	déterminé	idéaliste	paresseux
compréhensif	énergique	inquiet	rebelle
conformiste	franc	malheureux	respectueux
cynique	grossier	marginal	tolérant

Exemple: Marjane adolescente et Marjane enfant

Marjane adolescente est plus triste/moins énergique/aussi franche que Marjane enfant.

1. le père de Marjane (Ebi) et l'oncle Anouche

_____

2. la mère et la grand-mère de Marjane

_____

3. Momo (l'ami autrichien) et Marjane

_____

4. Marjane et son mari Reza

_____

E. La description des personnages III

Marjane a beaucoup d'admiration pour sa grand-mère et son oncle Anouche. Elle a de l'admiration, puis du mépris, pour son copain Markus. Imaginez trois choses qu'elle peut dire sur chacun en utilisant des superlatifs.

Exemple: (Markus avant leur séparation) *C'est le plus beau, c'est le plus intelligent, c'est le meilleur écrivain.*

1. sa grand-mère _____

2. son oncle Anouche _____

3. Markus après la séparation _____

Et vous?

F. Le portrait d'une personne que vous admirez

Faites le portrait physique et psychologique d'une personne que vous admirez. Commencez vos phrases de la manière suggérée et utilisez les éléments requis.

Je vais décrire _____ (son nom et sa relation avec vous).

1. C'est une personne… (description générale; utilisez quelques adjectifs)

_____

_____

2. Il est/Elle est… (description physique; référez-vous aux suggestions de la section **Votre portrait physique,** page 56)

_____

_____

_____

3. Je l'admire parce qu'il est/qu'elle est/que c'est… (description psychologique)

_____

_____

4. (Comparez-le/la à une autre personne; référez-vous aux suggestions de la section **La comparaison des personnages**, page 59)

_____

_____

5. (Utilisez un superlatif pour le/la décrire; référez-vous aux suggestions de la section **La description des personnages III**, page 59.)

_____

PRÉPARATION À LA LECTURE

A. Les renseignements culturels: Monique Proulx et Montréal

Le texte que vous allez lire est extrait du livre *Les Aurores montréales* (1996), de Monique Proulx. Ce livre est composé de nouvelles (*short stories*) racontées de points de vue différents et qui décrivent la diversité de la vie à Montréal.

Visitez **www.cengagebrain.com** pour trouver des liens qui vous aideront à répondre aux questions.

1. L'auteur, Monique Proulx
   a. Où et quand est-elle née?

_____

b. Quelles professions a-t-elle exercées?

_____

c. Qu'est-ce qu'elle écrit?

_____

2. *Les Aurores montréales* (1996)

   a. Le titre du livre contient un adjectif inventé par l'auteur, « montréal(e) » (l'adjectif qui correspond à la ville de Montréal est « montréalais[e] »). Le titre *Les Aurores montréales* est une variation sur le terme « aurore boréale ». Qu'est-ce que c'est qu'une « aurore boréale »?

_____

   b. Quels parallèles pouvez-vous deviner (*guess*) entre une aurore boréale et le livre de Monique Proulx, qui décrit la vie à Montréal de points de vue différents?

_____

   c. Le livre est divisé en cinq parties introduites par des prologues dont les titres sont des noms de couleurs (une référence à l'aurore boréale). Trois de ces prologues sont dédiés à des écrivains québécois contemporains, Ying Chen, Dany Laferrière et Marco Micone. Cherchez d'où viennent ces écrivains.
- Ying Chen vient de/d' _____.
- Dany Laferrière est originaire de/d' _____.
- Marco Micone a émigré de/d' _____.

3. Montréal

   a. Combien de personnes (approximativement) habitent à Montréal?

_____

   b. Quel pourcentage de sa population est de langue et culture françaises? Anglaises? Autres?

_____

   c. Comment s'appelle le fleuve qui passe à Montréal?

_____

   d. D'où vient le nom Montréal? Quel explorateur français est à l'origine de ce nom? En quel siècle a-t-il vécu?

_____

B. Vocabulaire: tout, même, faire + infinitif

1. Tout (*all*)

- **Tout** is invariable in expressions such as **Tout est bien qui finit bien** (*All's well that ends well*) and **tout à coup** (*all of a sudden*).
- It is also an adjective; as such, it agrees with the noun it modifies: **tout** le temps (*all the time*), **toute** la journée (*all day long*), **tous** les jours (*every day*), **toutes** les nuits (*every night*).

Utilisez une forme de **tout** dans les expressions suivantes, qui viennent de la lecture:
_____ (a) va bien, _____ (b) les autos, _____ (c) les objets, _____ (d) de suite (*right away*)

2. Même (*same, even*)

- **Même** is an adjective: Nous allons à la **même** université et nous avons les **mêmes** amis (*We go to the same university and we have the same friends*).
- **Même** is a pronoun: **le même, la même, les mêmes** (*the same one, the same ones*).
- **Même** is an adverb: J'ai **même** fait la vaisselle (*I even did the dishes*).
- **Même si** is a conjunction (a link between two clauses): Je fais du jogging tous les jours, **même si** je suis fatigué (*I jog every day, even if I am tired*).

Complétez les phrases ci-dessous, extraites de la lecture, avec une des expressions suivantes: **même, le même, la même, les mêmes, même si.**

a. Je t'écris, Manu, _____ tu ne sais pas lire.
b. Nous avons... quatre chaises droites presque de la _____ couleur.
c. On voit des autos qui passent sans arrêt et ce ne sont jamais _____.
d. L'odeur de la richesse commence _____ à s'infiltrer dans notre pièce.

3. Faire + infinitive + direct object (*to make someone do something*)

Nous faisons parler les étudiants. Nous les faisons écrire aussi. (*We make the students talk. We make them write, too.*)

Traduisez les expressions en caractères gras, qui viennent de la lecture.

a. Elle a poussé un cri **qui m'a fait approcher** tout de suite.
b. Manu, **fais durer ta vie...** [**durer**: *to last*]
c. Je peux **te faire venir ici.**

C. En d'autres mots

Liez les citations du texte de la colonne de gauche à leur explication dans la colonne de droite.

___ 1. Le chemin vers la richesse est rempli de bruits qui n'effraient pas l'oreille du brave.

___ 2. La mer... est grise et tellement moderne qu'elle ne sent pas les choses vivantes.

___ 3. Je t'ai grossi d'une dizaine de kilos pour qu'il se montre plus admiratif.

___ 4. Il y a les deux épiceries de la rue Mont-Royal, M. Dromann et M. Paloz, qui m'engagent pour faire des livraisons.

___ 5. Tu peux marcher des heures [dans les magasins] sans avoir le temps de regarder tous les objets merveilleux que nous nous achèterons une fois rendus plus loin dans le chemin vers la richesse.

a. Le narrateur n'aime pas l'odeur de l'eau. Elle ne sent pas le poisson parce qu'elle est polluée.

b. Le narrateur a menti. Il a dit que son ami était plus gros qu'il ne l'est en réalité.

c. Le narrateur accepte les inconvénients de la ville car il espère devenir riche.

d. Le narrateur achètera beaucoup de choses quand il sera plus riche.

e. Le narrateur gagne de l'argent en livrant de la nourriture.

D. Imaginez des situations

L'extrait du texte *Les Aurores montréales* que vous allez lire en classe est une nouvelle intitulée « Gris et blanc », qui sert de prologue au livre. Le narrateur est un jeune garçon costaricain qui a récemment déménagé à Montréal avec sa mère. Il raconte ses impressions de Montréal à quelqu'un qui est resté au Costa Rica. Imaginer le contexte va vous préparer à mieux comprendre le texte. Écrivez une ou deux phrases pour chaque question ou situation.

1. Quelles couleurs est-ce que vous associez au Costa Rica? D'après vous, quelles couleurs est-ce que le garçon va remarquer à Montréal?

   _____

   _____

2. Quels bruits va-t-il remarquer?

   _____

   _____

3. Qu'est-ce qu'il va dire sur le temps en novembre à Montréal?

   _____

   _____

4. De quels autres aspects de la vie à Montréal va-t-il peut-être parler?

   _____

   _____

5. Imaginez pourquoi sa mère a déménagé à Montréal et comment elle gagne sa vie.

   _____

   _____

E. La lecture

Parcourez l'extrait du livre *Les Aurores montréales* dans votre manuel.

PRÉPARATION À L'ÉCRITURE

Dans ce chapitre, vous allez faire la description d'une personne, d'un tableau ou d'un lieu.

A. Choisissez un sujet

1. **Une personne que vous admirez:** Vous pouvez décrire un personnage historique, une personne célèbre actuellement ou une personne qui a ou qui a eu de l'influence dans votre vie (si vous n'avez pas choisi le sujet « Un ami qui vous inspire » dans le Chapitre 2).

2. **Un tableau que vous aimez:** Faites une description du tableau, expliquez où vous l'avez vu la première fois et quelles émotions vous ressentez quand vous le regardez.

3. **Un lieu qui vous inspire:** Quel lieu réel ou imaginaire vous aide à vous ressourcer (*to recharge your batteries*)? Décrivez ce lieu, expliquez quand vous y « allez » et quelles émotions vous ressentez quand vous êtes dans ce lieu / quand vous pensez à ce lieu.

4. **Un nouveau lieu de vie:** Vous écrivez à vos parents ou à un(e) amie(e) pour décrire votre nouvel environnement (par exemple, l'université et l'endroit où elle est située). (Inspirez-vous de la nouvelle « Gris et blanc » que vous avez lue dans la section **Lecture** de votre manuel.)

B. Réfléchissez au contenu

Pour vous aider à préciser vos idées, répondez aux questions sur le sujet que vous avez choisi. Répondez sous forme de notes.

You can expand on the description of the person you chose in Activity F, page 60.

1. Une personne que vous admirez:

   a. Qui est-ce? Comment est-ce que vous « connaissez » cette personne? (Est-ce que vous l'avez rencontrée/découverte dans la réalité? dans un livre? dans un cours? dans une émission de télé? etc.)

   _____

   b. Quelles sont ses caractéristiques physiques? _____

   _____

   c. Comment est sa personnalité? _____

   _____

   d. Qu'est-ce que cette personne fait / a fait d'important? _____

   _____

   e. Pourquoi est-ce que vous l'admirez? _____

   _____

2. Un tableau que vous aimez:

   a. Quel est ce tableau? Qui l'a peint? En quelle année? Où l'avez-vous vu? _____

   _____

   b. Qu'est-ce qu'il y a au premier plan (*in the foreground*)? à l'arrière-plan (*in the background*)? au centre? à droite? à gauche? _____

   _____

   c. S'il y a des personnages, comment sont-ils et que font-ils? _____

   _____

   d. Quelles couleurs l'artiste a-t-il/elle utilisées? Sont-elles sombres/pâles/vives? ____

   _____

   e. Quelles émotions ressentez-vous en regardant le tableau? _____

   _____

3. Un lieu qui vous inspire:

   a. Où est ce lieu? Est-ce que c'est un paysage / un bâtiment / une pièce, etc.?

   _____

   _____

   b. Qu'est-ce qu'il y a dans ce lieu? _____

   _____

   c. Où êtes-vous et que faites-vous dans ce lieu? _____

   _____

   d. Est-ce que vous associez ce lieu à des bruits, des odeurs ou des couleurs?

   _____

   _____

   e. Quelles émotions ressentez-vous quand vous êtes dans ce lieu? _____

   _____

4. Un nouveau lieu de vie:

a. Quand êtes-vous arrivé(e) dans ce lieu? Qu'allez-vous décrire: votre logement, le campus, la ville? _____

_____

b. Qu'est-ce qu'il y a dans ce lieu? _____

_____

c. Est-ce que vous associez ce lieu à des bruits, des odeurs ou des couleurs? _____

_____

d. Quelles comparaisons pouvez-vous faire avec l'endroit où habite votre correspondant? _____

_____

e. Comment vous sentez-vous dans ce nouveau lieu? Est-ce que vous l'aimez? _____

_____

C. Réfléchissez à la langue

1. Choisissez le temps approprié. On utilise en général le présent pour la description, mais vous devez utiliser le passé si vous parlez d'un personnage historique.

2. Utilisez du vocabulaire varié (en particulier des adjectifs). Retournez à la **Liste de vocabulaire** et aux sections de **Vocabulaire utile** du Chapitre 3 dans le *Manuel* et dans le *Cahier,* page 56. Si vous avez besoin de vocabulaire supplémentaire, cherchez-en dans un bon dictionnaire avant de vous mettre à écrire.

3. Variez les structures pour éviter de faire des listes. Par exemple, utilisez **Il/Elle est** et **C'est** en alternance.

4. Pour le Sujet 4, décidez si vous allez écrire à votre/vos correspondant(s) avec **tu** ou **vous,** et faites attention à utiliser les adjectifs possessifs appropriés (**ton, ta, tes** ou **votre, vos**).

D. Organisez votre rédaction

Cherchez une structure pour votre rédaction. Notez de quoi vous allez parler dans chaque paragraphe. Puis commencez à écrire votre rédaction sur une feuille séparée.

Exemple: Introduction: brève présentation de la personne, du tableau ou du lieu

Paragraphe 1: comment vous avez connu/découvert cette personne, ce tableau ou ce lieu

Paragraphe 2: description de la personne, du tableau ou du lieu

Paragraphe 3: pourquoi vous aimez ou admirez cette personne, ce tableau ou ce lieu; quelles émotions vous ressentez à son contact

Conclusion

E. Perfectionnez votre travail

1. Demandez à un(e) camarade de classe de lire votre rédaction et de vous faire des commentaires sur les idées, l'organisation et la langue.

2. Lisez votre travail à voix haute. Vous vous rendrez compte plus facilement des problèmes d'organisation, des incohérences, des répétitions et des fautes d'inattention.

3. Faites attention aux points suivants:

   a. Les articles, les noms et les adjectifs
- L'article (défini, indéfini, partitif) est-il correct?
- Le genre des noms (masculin ou féminin) est-il correct?
- Le nombre (singulier ou pluriel) est-il correct?
- La position des adjectifs (avant ou après le nom) et leur accord sont-ils corrects?

   b. Les verbes
- Sont-ils au bon temps (présent, imparfait, passé composé, etc.)?
- Leur structure est-elle correcte? (par exemple, faut-il une préposition?)
- La conjugaison est-elle correcte?
- S'accordent-ils avec le sujet?
- Si vous utilisez le passé composé ou le plus-que-parfait, l'accord du participe passé est-il correct?

   c. L'orthographe
- Vérifiez l'orthographe et n'oubliez pas les accents.

   d. Le ton et le style
- Assurez-vous que le ton est approprié pour votre sujet et pour votre lecteur.
- Évitez les répétitions: Utilisez des pronoms pour remplacer les noms; variez les structures et le vocabulaire.
- Évitez les phrases trop simples: Utilisez des propositions relatives, par exemple.
- Utilisez des mots de transition (**d'abord, puis, ensuite, aussi, c'est pourquoi, [mal]heureusement, même si,** etc.).

Chapitre 4

LA VIE PROFESSIONNELLE: *Le Placard (2001)*

Grammar Tutorials
www.cengagebrain.com:
• relative and demonstrative pronouns

LES MOTS POUR LE DIRE

A. Votre dictionnaire personnel

Trouvez les mots de la **Liste de vocabulaire** (*Séquences*, pages 106–108) qui correspondent aux catégories suivantes.

The exercises in the **Les Mots pour le dire** section can be done before seeing the film, but they will make more sense if you watch the film first.

1. les qualités et comportements positifs

_____

_____

_____

_____

2. les qualités et comportements négatifs

_____

_____

_____

_____

3. le monde du travail

_____

_____

_____

_____

4. le sport

_____

_____

_____

_____

5. les vêtements

_____

_____

_____

_____

B. Synonymes et antonymes

Le synonyme le plus proche

Référez-vous à la **Liste de vocabulaire** (*Séquences,* pages 106–107) et à la liste de vocabulaire familier (*Séquences,* page 108) pour trouver le synonyme le plus proche.

___ **1.** costaud	**a.**	énergique
___ **2.** dynamique	**b.**	discret
___ **3.** réservé	**c.**	moche (fam.)
___ **4.** gentil	**d.**	fort
___ **5.** lamentable	**e.**	agréable
___ **6.** laid	**f.**	minable (fam.)

L'antonyme le plus proche

Référez-vous à la **Liste de vocabulaire** (*Séquences,* pages 106–108) pour trouver l'antonyme le plus proche.

___ **1.** à l'aise	**a.**	doux
___ **2.** effacé	**b.**	fort
___ **3.** faible	**c.**	expansif
___ **4.** plein de vie	**d.**	déprimé
___ **5.** brutal	**e.**	gauche
___ **6.** paresseux	**f.**	travailleur

C. Associations

Trouvez les adjectifs ou expressions qui s'associent le plus logiquement aux verbes donnés.

___ **1.** agresser	**a.**	à l'aise
___ **2.** sympathiser	**b.**	plein de bonne volonté
___ **3.** renverser	**c.**	brutal
___ **4.** plaisanter	**d.**	anonyme
___ **5.** passer inaperçu	**e.**	marrant (fam.)
___ **6.** essayer	**f.**	gauche

D. Donnez votre opinion

Un collègue au travail a une opinion négative des gens et vous n'êtes pas d'accord avec lui. Référez-vous à la **Liste de vocabulaire** (*Séquences*, pages 106–107) et à la liste de vocabulaire familier (*Séquences*, page 108) pour suggérer une description plus positive des personnes dont (*about whom*) il parle.

Exemple: —Notre directeur est un homme insignifiant.

—*Moi, je pense qu'il est discret.*

1. —Cette secrétaire est vraiment lamentable.

   —Vous êtes trop dur; je la trouve _____.

2. —Ce gros macho a besoin d'évoluer.

   —C'est vrai qu'il est un peu _____, mais il est aussi _____.

3. —Je n'ai jamais pu supporter les femmes effacées comme cette nouvelle comptable.

   —Mais elle n'est pas du tout effacée. Elle est simplement _____.

4. —Qu'est-ce qu'il peut être gauche, ce nouveau chef!

   —Pourquoi dites-vous cela? Je pense qu'il est _____.

5. —Nos collègues sont tous des minables.

   —Vous êtes sévère. Disons plutôt qu'ils sont _____ et _____.

E. Et vous?

Répondez aux questions par des phrases complètes en consultant la **Liste de vocabulaire** (*Séquences*, pages 106–108).

1. Quels adjectifs de la **Liste de vocabulaire** décrivent votre personnalité?

   _____

   _____

2. Décrivez la personnalité de votre patron (si vous travaillez) OU celle d'un patron que vous avez eu dans le passé OU celle du patron idéal que vous aimeriez avoir.

   _____

   _____

3. Est-ce que vous vous sentez plutôt à l'aise ou mal à l'aise quand vous devez faire une présentation orale en classe? Pourquoi?

   _____

   _____

4. Quels vêtements est-ce que vous portez pour aller travailler? pour aller à un concert de rock?

   _____

   _____

5. À quelle heure est-ce que vous vous endormez? À quelle heure est-ce que vous vous réveillez?

   _____

   _____

6. Qu'est-ce que vous faites pour vous détendre?

   _____

   _____

🔊 F. Dictée

1-29   Écoutez le passage et complétez le texte.

François Pignon et Félix Santini travaillaient dans _____ (1) qui fabriquait

_____ (2). François était _____ (3) effacé et travailleur que

ses collègues trouvaient assez _____ (4). Félix était _____ (5)

de l'équipe de rugby. C'était un homme dynamique et expansif. Il faisait souvent

_____ (6) pendant les réunions, et il avait beaucoup de

_____ (7). Des collègues qu'il avait insultés voulaient _____ (8)

de lui. Quand François est sorti du placard, ils _____ (9) à Félix de

_____ (10) avec François pour changer d'image. Félix s'est ridiculisé, mais cette

expérience a changé _____ (11) et l'a rendu _____ (12).

Parlons de grammaire

What do you know about relative pronouns?

As you get ready to learn or review language patterns in class, it's always good to ask yourself what you already know, or think you know, about the grammar you're about to study. If you take the time to consider this, you'll know what to listen for in class and what questions, if any, to ask. With that in mind, let's consider the following examples of relative pronouns:

C'est un film **qui** me plaît énormément.

C'est un film **que** j'aime énormément.

Can you explain why **qui** is used in the first example and **que** in the second? Since both sentences mean about the same thing, the difference must have something to do with sentence structure. How is the structure of the first sentence different from the structure of the second?

If you understand the difference between the first two sentences, you're well on your way to understanding relative pronouns. Have a look at the following examples and see what you can explain and what still seems puzzling. Jot down your questions and observations and bring them with you to class.

Savez-vous **ce que** j'aime dans ce film?

Savez-vous **ce qui** me plaît dans ce film?

J'adore la scène **où** Santini attaque François.

PRÉPARATION À LA DISCUSSION

Avant de faire les activités de cette section, étudiez Les pronoms relatifs (A1-3) et Les pronoms démonstratifs (B) dans la section grammaire du chapitre 4.

Prononciation: les pronoms relatifs

Practicing the pronunciation of relative pronouns will help you master their use in both spoken and written French. As you listen to the following exercises, pay close attention to the following distinctions:

Like **je, ne, me,** etc., **que** ends in an unaccented **e.** It is part of the small group of words that elides with a following vowel sound.

J'aime la cravate **que** tu portes.

J'aime la cravate **qu'**il porte.

To pronounce **que** your lips should be slightly rounded. The sound is much less tense than other French vowels.

Qui ends in the short tense vowel you find at the end of the words **ami** and **parti.** To pronounce it properly, your lips should be spread and your mouth fairly closed.

In contrast to **que,** the vowel in **qui** is never elided before an initial vowel in the following word. Compare:

> le film **qu'**il est allé voir (que)
> le cinéma **qui** allait fermer (qui)

The **ce** in **ce qui** and **ce que** often reduces to the sound [s] in spoken French, so that these pronouns are pronounced [ski] and [skə].

A. La prononciation des pronoms relatifs I

31

Repeat the sentences you hear, and pay attention to the pronunciation of the relative pronouns.

1. *Le Placard* est un film qui fait réfléchir.

2. C'est un film que j'ai aimé.

3. Ce qui est intéressant, c'est l'évolution des personnages.

4. Les rôles féminins, c'est ce que j'aime le moins.

5. Celui qui a aidé François est son voisin.

6. Il a dit à François ce qu'il fallait faire.

7. Il savait ce qui allait arriver.

8. François est un homme qui a changé.

9. C'est un homme que son fils admire.

10. C'est un homme qui aime la vie.

B. La prononciation des pronoms relatifs II

32

Be aware of the difference between qui and qu'il, and ce qui and ce qu'il.

Listen to the sentences and circle the relative pronoun that you hear.

1. que (qu')	qui	ce que (qu')	ce qui
2. que (qu')	qui	ce que (qu')	ce qui
3. que (qu')	qui	ce que (qu')	ce qui
4. que (qu')	qui	ce que (qu')	ce qui
5. que (qu')	qui	ce que (qu')	ce qui
6. que (qu')	qui	ce que (qu')	ce qui
7. que (qu')	qui	ce que (qu')	ce qui
8. que (qu')	qui	ce que (qu')	ce qui
9. que (qu')	qui	ce que (qu')	ce qui
10. que (qu')	qui	ce que (qu')	ce qui

◀)) C. La prononciation des pronoms relatifs III

1-33 Repeat each of the following sentences you hear, paying attention to the pronunciation of the relative pronouns **ce que** and **ce qui.**

1. Ce que j'aime bien dans le film, c'est le jeu des acteurs.
2. Ce que je trouve important, c'est de réfléchir aux préjugés.
3. Ce qui est exagéré, c'est le comportement de Félix.
4. Ce qui me surprend, c'est l'attitude du patron.
5. J'aime bien ce que Jean-Pierre conseille à François.
6. Je n'aime pas ce qui arrive à Félix.

◀)) D. La prononciation des pronoms démonstratifs

1-34 Repeat each of the following sentences you hear, paying attention to the pronunciation of the demonstrative pronouns (**celui, celle, ceux, celles**).

1. La scène que je préfère, c'est celle où Félix offre un cadeau à François.
2. De tous les personnages, Félix est celui que j'aime le plus.
3. J'aime les plaisanteries, mais celles de Santini sont exagérées.
4. Je préfère ce film à ceux qu'on a vus récemment.
5. Tu as préféré ce film ou celui de Klapisch?

La grammaire et le film

E. Identifiez les personnages

Associez les personnages à la description appropriée.

___1. Mlle Bertrand

___2. M. Kopel, le chef d'entreprise

___3. Félix Santini

___4. Frank

___5. Mme Santini

___6. les deux costauds de l'usine

a. C'est celui qui voit son père à la télévision.

b. C'est celui qui entraîne l'équipe de rugby.

c. C'est celui qui demande à François de participer au défilé de la Gay Pride.

d. C'est celle qui accuse son mari d'infidélité.

e. Ce sont ceux qui agressent François dans son garage.

f. C'est celle qui essaie d'enlever la chemise de François.

F. Décrivez les personnages

Faites une autre description pour les personnages de l'exercice **Identifiez les personnages** (1–6). Puis ajoutez deux descriptions pour François Pignon et Jean-Pierre Belone (7–8). Utilisez des pronoms démonstratifs et des pronoms relatifs dans vos phrases.

1. Mlle Bertrand

   C'est celle qui _____

2. M. Kopel, le chef d'entreprise

   _____

3. Félix Santini

   _____

4. Frank

   _____

5. Mme Santini

_____

6. les deux costauds de l'usine

_____

7. François Pignon

   a. _____

   b. _____

8. Jean-Pierre Belone

   a. _____

   b. _____

G. Félix Santini

Complétez les phrases suivantes avec le pronom relatif qui convient: **qui, que, ce qui, ce que, où.** Pour choisir le bon pronom, faites attention à la structure du verbe de la proposition relative.

1. Félix Santini est un homme macho _____ aime beaucoup le rugby.

2. Pour faire une plaisanterie, Guillaume et son collègue lui conseillent de modifier _____ il dit au travail.

3. Pour ne pas être licencié, Santini fait semblant d'être un homme _____ apprécie les homosexuels.

4. Il invite François dans un restaurant _____ il essaie de devenir son ami.

5. Il lui offre un pull rose _____ il a acheté dans une boutique chère.

6. Santini va chez François pour lui apporter des chocolats. Sa femme le suit pour savoir _____ il fait.

7. Mme Santini ne comprend pas _____ a changé les habitudes de son mari.

8. Santini comprend finalement qu'il n'est plus l'homme brutal _____ il a toujours été.

The word que becomes qu' before a vowel or an *h*, but qui never changes.

Ask yourself about the structure of the sentence before writing your answer. To distinguish between qui/que and ce qui/ce que, check whether there is a noun (an antecedent) before the blank. To decide between qui and que, and ce qui and ce que, check whether the verb that follows the blank has a subject or not.

Et vous?

H. Vos intérêts

Répondez au questionnaire suivant en quelques mots.

1. Une activité que vous aimez:

2. Une cause qui vous passionne:

3. Quelque chose dont vous parlez beaucoup:

4. Un endroit où vous allez souvent:

5. Ce que vous voulez faire plus tard:

6. Ce qui vous irrite particulièrement:

I. Une nouvelle connaissance

Décrivez une personne avec qui vous avez sympathisé récemment. Terminez les phrases.

La personne dont je vais parler s'appelle…

1. C'est une personne qui…

2. C'est quelqu'un que…

3. Je l'ai rencontré(e) le jour où…

4. Ce qui m'attire chez lui/elle (*what draws me to him/her*), c'est…

5. J'aime bien ce qu'il/elle…

L'intrigue

J. Qui parle?

Indiquez à quel moment du film on trouve les répliques suivantes, en précisant les personnages qui les disent et à qui ils parlent.

Situation	Qui parle?	Quand? Au début? Au milieu? À la fin?	À qui parle-t-il/elle?
1. « J'ai perdu de vue qui tu étais vraiment: une femme sans générosité, une femme qui n'a jamais voulu me faire le cadeau d'un peu d'amour. »			
2. « C'est pas son bras. Il est pas musclé comme ça. C'est pas lui, je vous dis. »			
3. « Il est trop rose ce pull—s'il te plaît, change-le. »			
4. « Ne faites pas ça, vous allez bousiller (to mess up) ma voiture. »			
5. « S'il y a un homme qui doit être sur ce char (float, in a parade), c'est bien vous, non? »			
6. « J'ai bu trop de vin et je me suis assoupi, et quand je me suis réveillé elle était en train de déboutonner ma chemise. »			
7. « Je saurai jamais si c'est le même chat, mais vous, en tout cas, je suis sûr d'une chose. Vous n'êtes plus le même homme. »			
8. « —Tu manges des betteraves? —Oui. —C'est bon pour la santé... Moi j'ai pris des carottes râpées. »			

For each quote from the film, ask yourself the following questions: Who is speaking to whom? When did this occur? What was the context?

K. Paraphrasez les citations

Maintenant, paraphrasez les citations de l'exercice H très simplement en mentionnant le contexte.

Exemple: 1. « J'ai perdu de vue qui tu étais vraiment: une femme sans générosité, une femme qui n'a jamais voulu me faire le cadeau d'un peu d'amour. »

C'est la scène où François parle à son ex-femme au restaurant vers la fin du film. / C'est ce que François dit à son ex-femme vers la fin du film. La scène montre que François a changé: il n'idéalise plus son ex-femme; il n'est plus amoureux d'elle.

2. _____

_____

3. _____

_____

4. _____

_____

5. _____

_____

6. _____

_____

7. _____

_____

8. _____

_____

POUR ALLER PLUS LOIN

La grammaire et le film

A. Quelle est la traduction?

Trouvez la bonne traduction des phrases suivantes.

_____ **1. The day he lost his job, Francois found no one he wanted to talk to.**
   a. Le jour où il a été licencié, François n'a trouvé personne dont il souhaitait parler.
   b. Le jour où il a été licencié, François n'a trouvé personne à qui il souhaitait parler.
   c. Le jour où il a été licencié, François n'a trouvé personne de qui il souhaitait parler.

_____ **2. The woman François is in love with is an accountant.**
   a. La femme avec qui François est amoureux est comptable.
   b. La femme qui est amoureuse de François est comptable.
   c. La femme dont François est amoureux est comptable.

_____ **3. Jean-Pierre Belone has not forgotten the reason why he was fired.**
   a. Jean-Pierre Belone n'a pas oublié la raison pourquoi on l'a licencié.
   b. Jean-Pierre Belone n'a pas oublié la raison pour laquelle on l'a licencié.
   c. Jean-Pierre Belone n'a pas oublié la raison qu'on l'a licencié.

_____ **4. François is an employee whose qualities go unnoticed.**
   a. François est un employé dont les qualités passent inaperçues.
   b. François est un employé duquel les qualités passent inaperçues.
   c. François est un employé de qui les qualités passent inaperçues.

_____ **5. Santini is someone with whom François does not get along.**
   a. Santini est quelqu'un qui ne s'entend pas avec François.
   b. Santini est quelqu'un que François n'entend pas bien.
   c. Santini est quelqu'un avec qui François ne s'entend pas.

_____ **6. Frank does not like what his father is talking about.**
   a. Frank n'aime pas ce dont son père parle.
   b. Frank n'aime pas ce de quoi son père parle.
   c. Frank n'aime pas dont son père parle.

Avant de faire les exercices de cette section, étudiez **Les pronoms relatifs (A5-6)** dans la section grammaire du chapitre 4.

Be careful with the expression *to be in love with*. In French, it is expressed as **être amoureux (-euse) de**.

Pause before answering #3 to review the grammar explanations in your textbook.

Parlons de grammaire

As you do the following exercises, it's important to keep in mind that relative pronouns, like all pronouns, help us avoid repetition by standing in for what can be understood from the context of a conversation or text.

The CEO says to Mlle Bertrand, « Je connais plusieurs hommes dans l'entreprise *qui* seraient ravis d'être agressés par vous. »

He's combined two related ideas in one sentence: « Je connais plusieurs hommes dans l'entreprise. » and « Ces hommes seraient ravis d'être agressés par vous. »

When combining the two ideas in one sentence, there's no need to repeat the specific reference to **ces hommes;** these men have already been mentioned in the first sentence. The CEO can therefore replace the words with a relative pronoun to avoid repetition. Since **ces hommes** are the subject of the second sentence (where they're being replaced), he chooses the subject pronoun **qui.**

In other words, « Je connais plusieurs hommes dans l'entreprise **qui** [**qui** = ces hommes] seraient ravis d'être agressés par vous. »

Now try to explain what's happening in this sentence: **François va perdre un emploi qu'il aime.**

1. What two sentences have been combined in this sentence?
2. What word or words from those two sentences can be replaced with a pronoun?
3. Are these words the subject, the object, or the object of a preposition of the sentence in which they can be replaced?
4. What pronoun must be used in this case?

Proceed in stages:

1. Underline the repeated nouns and their determinants (un/ce comptable).

2. Circle prepositions from the second sentence that need to be factored in (à), if relevant.

3. Replace the repeated noun of the second sentence with the correct relative pronoun (qui).

4. Position the pronoun (and preposition, if relevant) after the noun of the first sentence (its antecedent): un comptable à qui personne.

5. Add a comma in front of the relative pronoun when you would do so in the equivalent English sentence.

B. L'histoire de François

Combinez les deux phrases à l'aide d'un pronom relatif.

Exemple: François est <u>un comptable</u>. Personne ne s'intéresse(à)ce comptable.

François est un comptable à qui personne ne s'intéresse.

1. Il entend une conversation. Cette conversation le déprime (*depresses him*).

_____

2. Il va perdre son travail. Il aimait beaucoup ce travail.

_____

3. Il rencontre son nouveau voisin. Il explique son problème à son nouveau voisin.

_____

4. Son voisin lui propose une solution. François a un peu peur de cette solution.

_____

5. Il retourne au bureau. L'atmosphère a beaucoup changé au bureau.

_____

6. Santini lui apporte un sac. Il y a un pull rose dans ce sac.

_____

7. Mlle Bertrand pose des questions embarrassantes. François ne sait pas comment répondre à ces questions embarrassantes.

_____

8. Il retrouve son fils. Il avait perdu contact avec son fils.

_____

C. Jean-Pierre et François

Complétez les phrases suivantes avec les pronoms appropriés: **qui, que, où, ce qui, ce que, ce dont** ou une forme de **lequel.**

Vocabulaire utile

arriver: *to happen*
avoir besoin de: *to need*
être confronté à: *to face*
parler à: *to speak to*

Be attentive to the French prepositions in the Vocabulaire utile for this exercise. If you think in English rather than focusing on the French structures, you will choose the wrong pronouns.

1. Jean-Pierre Belone est un homme _____ François a rencontré à un moment difficile de sa vie. C'est quelqu'un _____ a beaucoup aidé François.

2. François a rencontré Jean-Pierre le jour _____ il emménageait dans l'appartement à côté de chez lui.

3. Quand Jean-Pierre a vu François sur le balcon, il a compris _____ il voulait faire.

4. Pour entrer en contact avec François, Jean-Pierre a dit qu'il était l'homme _____ le chat était sur le balcon de François.

5. Il a invité François à boire un verre, et François lui a raconté _____ était arrivé au travail ce jour-là.

6. François lui a parlé des difficultés _____ il était confronté.

7. Jean-Pierre a conseillé à François de faire circuler une photo sur _____ il avait l'air d'être homosexuel.

8. Jean-Pierre pensait qu'une nouvelle réputation était exactement _____ François avait besoin.

D. Décrivez les personnages et les lieux du film

François

Faites des phrases pour décrire François. Utilisez les expressions suggérées.

a. Jean-Pierre habite	d. les collègues se moquent
b. le fils s'appelle Frank	e. on a licencié
c. porte une cravate rouge	f. on offre un pull rose

1. François Pignon, c'est l'homme qui…
2. François Pignon, c'est l'homme que (qu')…
3. François Pignon, c'est l'homme à qui…
4. François Pignon, c'est l'homme à côté de qui…
5. François Pignon, c'est l'homme dont…
6. François Pignon, c'est l'homme dont…

Mlle Bertrand

Maintenant, écrivez des phrases pour décrire Mlle Bertrand sur le même modèle.

1. Mlle Bertrand, c'est la femme qui…
2. Mlle Bertrand, c'est la femme que…
3. Mlle Bertrand, c'est la femme [préposition + qui]…
4. Mlle Bertrand, c'est la femme dont…

Le vestiaire

Terminez les phrases suivantes.

1. Le vestiaire, c'est un lieu où…
2. Le vestiaire, c'est un lieu qui…
3. Le vestiaire, c'est un lieu que…
4. Le vestiaire, c'est un lieu dont…

E. Imaginez un remake du *Placard*

Hollywood a décidé de faire une version du film *Le Placard* en anglais avec des acteurs américains. Choisissez le meilleur acteur pour chaque rôle et expliquez votre choix (Vous pouvez choisir une des trois personnes suggérées ou quelqu'un d'autre). Écrivez trois phrases contenant un pronom relatif différent.

Exemple: **François Pignon**

Hank Azaria; George Clooney; Edward Norton; autre: _____

*À mon avis Hank Azaria est le meilleur acteur pour jouer Pignon. C'est quelqu'un **qui** plaît beaucoup aux spectateurs américains. C'est le genre d'acteur **dont** le film a besoin. **Ce que** j'aime chez lui, c'est sa sensibilité et son visage émouvant.*

1. **Félix Santini**

Benicio Del Torro; Bruce Willis; John Travolta; autre: _____

À mon avis, _____

_____

_____

2. Jean-Pierre Belone

Robert De Niro; Jack Nicholson; Martin Sheen; autre: _____

À mon avis, _____

_____

_____

3. Mlle Bertrand

Scarlet Johansson; Nicole Kidman; Halle Berry; autre: _____

À mon avis, _____

_____

_____

PRÉPARATION À LA LECTURE

A. Les renseignements culturels: les relations de travail entre les femmes et les hommes en France

Le texte que vous allez lire est extrait du livre *Les Chroniques de l'ingénieur Norton: Confidences d'un Américain à Paris* (1997), par Christine Kerdellant. Il raconte les aventures et observations d'un ingénieur américain dans une entreprise française. L'ingénieur, Robert Norton, s'intéresse en particulier à la notion de harcèlement sexuel, et il compare les relations entre les hommes et les femmes dans une entreprise française et dans une entreprise américaine. La définition française du harcèlement sexuel a beaucoup évolué depuis la publication de ce livre en 1997. Mais est-ce que les comportements décrits dans *Chroniques de l'ingénieur Norton* ont changé? Pour le savoir, rendez-vous à **www.cengagebrain.com** pour consulter une étude officielle réalisée en 2013. Puis répondez aux questions qui suivent.

> Cette étude a été réalisée par le Conseil supérieur de l'égalité professionnelle entre les femmes et les hommes, un organisme présidé par la Ministre des Droits des femmes.

1. Quel pourcentage de femmes et d'hommes disent que les femmes sont victimes du sexisme au travail?

_____

_____

2. Quel pourcentage de femmes ont reçu _____?
   a. des compliments sur leurs vêtements ou sur leur physique?

_____

_____

   b. des commentaires négatifs sur leurs vêtements ou sur leur physique?

_____

_____

3. a. Citez quelques expressions familières que les hommes utilisent parfois pour s'adresser à leurs collègues féminines?

_____

_____

b. Quel pourcentage de femmes ont entendu une ou plusieurs de ces expressions?

_____

_____

c. Quel pourcentage de femmes trouvent ces expressions familières positives? Négatives?

_____

_____

4. Citez quelques commentaires sexistes adressés aux femmes au travail et traduisez-les. Quel pourcentage de femmes ont entendu chaque commentaire?

_____

_____

B. Vocabulaire: les mots apparentés

Grâce au vocabulaire que vous connaissez déjà, devinez le sens des mots de la troisième colonne.

	mot connu	traduction	mot apparenté	traduction
1.	raffiner	*to refine*	une compagnie de raffinages	
2.	moins	*less*	pas la moindre idée	
3.	coiffeur (-euse)	*hairdresser*	une coiffure	
4.	document	*a document*	une documentaliste	
5.	fonctionner	*to function, to work*	le fonctionnement	
6.	texte	*a text*	textuellement	
7.	un homme d'affaires	*a businessman*	ce n'est pas votre affaire	
8.	suffisant(e)	*sufficient*	n'ont pas suffi	

C. Donnez votre opinion

On trouve les situations suivantes dans l'extrait du livre *Les Chroniques de l'ingénieur Norton: Confidences d'un Américain à Paris* que vous allez lire en classe. Considérez ces situations et donnez votre opinion.

___ **1.** Un collègue siffle (*whistles at*) une jeune employée qui passe devant lui dans le couloir.
   a. jamais acceptable
   b. acceptable dans certaines circonstances
   c. toujours acceptable

___ **2.** Un directeur dit à sa secrétaire qu'il la préfère en escarpins (*pumps*) qu'en baskets.
   a. jamais acceptable
   b. acceptable dans certaines circonstances
   c. toujours acceptable

___ **3.** En lui expliquant le fonctionnement d'un logiciel (*computer software*), la directrice pose sa main sur l'épaule d'un employé (*a male employee's shoulder*).
   a. jamais acceptable
   b. acceptable dans certaines circonstances
   c. toujours acceptable

___ **4.** Un(e) collègue vous montre une photo de nature sexuelle.
   a. jamais acceptable
   b. acceptable dans certaines circonstances
   c. toujours acceptable

___ **5.** Certain(e)s collègues commencent à raconter des gauloiseries (*dirty jokes*) à la cantine.
   a. jamais acceptable
   b. acceptable dans certaines circonstances
   c. toujours acceptable

___ **6.** Le chef de section dit qu'il préfère travailler avec de belles femmes.
   a. jamais acceptable
   b. acceptable dans certaines circonstances
   c. toujours acceptable

___ **7.** Un employé de bureau dit à sa directrice qu'il aime son chemisier.
   a. jamais acceptable
   b. acceptable dans certaines circonstances
   c. toujours acceptable

___ **8.** Votre patron s'approche de vous et vous demande quel parfum vous portez.
   a. jamais acceptable
   b. acceptable dans certaines circonstances
   c. toujours acceptable

D. La lecture

Parcourez les extraits du livre *Les Chroniques de l'ingénieur Norton: Confidences d'un Américain à Paris* dans votre manuel.

PRÉPARATION À L'ÉCRITURE

Dans ce chapitre, vous allez écrire une composition sur un des thèmes du film.

A. Choisissez un sujet

Sélectionnez le thème que vous trouvez le plus intéressant.

1. Si vous vous intéressez au thème de l'individu et de la société, réfléchissez à une des questions suivantes.
   a. « Sortir du placard » est une expression qu'on associe le plus souvent à l'homosexualité. Y a-t-il d'autres associations possibles? Quels autres aspects de sa personnalité cache-t-on parfois pour vivre en société ou dans certains groupes (comme à l'université)?
   b. Connaissez-vous quelqu'un de mal intégré dans un groupe (à l'université ou au travail, par exemple)? Décrivez les caractéristiques de cette personne qui expliquent sa mauvaise intégration. Comment se sent cette personne, à votre avis? Comment cette personne est-elle traitée par les autres? Comment pourrait-elle mieux s'intégrer?

    c. Avez-vous déjà changé d'opinion sur une personne? Comment est-ce que vous perceviez cette personne avant de changer d'opinion? Pourquoi est-ce que votre impression est différente maintenant?

    d. Le monde du travail: Vous avez peut-être occupé un poste (à temps partiel, au moins) dans une entreprise. Qu'est-ce que vous avez remarqué sur les relations de travail, la hiérarchie, etc.? Quelles difficultés peut-on rencontrer dans le travail?

    e. Les effets d'un licenciement: Connaissez-vous quelqu'un qui a perdu son travail? Décrivez dans quelles circonstances cette personne a perdu son travail et expliquez quel effet le licenciement a eu sur elle et sur ses proches–famille, amis, etc.

2. Si le thème de la discrimination vous intéresse, considérez une des questions suivantes.

    a. Expliquez à un(e) Français(e) comment on sensibilise les étudiants de votre université aux problèmes de harcèlement sexuel ou moral. Est-il nécessaire de lutter contre ce problème à l'université? Croyez-vous qu'on en parle trop, suffisamment ou pas assez?

    b. Avez-vous remarqué des cas de discrimination (sexuelle, raciale, contre les handicapés, discrimination liée à l'âge, etc.) autour de vous? Décrivez un incident et ses conséquences.

B. Réfléchissez au contenu

Après avoir choisi votre thème, notez quelques idées en réponse aux suggestions et questions concernant votre sujet dans la section A. Notez-les ici sans trop faire attention à l'organisation ou à la forme de vos phrases.

_____

_____

_____

_____

_____

_____

C. Réfléchissez à la langue

1. Faites du « remue-méninges » (*brainstorming*). Relisez le vocabulaire de **Votre dictionnaire personnel** et notez les mots et expressions qui pourront vous aider à exprimer vos pensées.

_____

_____

_____

_____

_____

_____

2. Si vous avez besoin de vocabulaire supplémentaire, cherchez-en dans un dictionnaire et notez-le ici avant de vous mettre à écrire.

_____

_____

_____

_____

_____

_____

3. Faites attention aux temps et aux structures que vous allez utiliser.
- Pour les sujets 1a, 1b et 2a, qui décrivent des situations générales, écrivez au présent.
- Pour les autres sujets, écrivez au passé. Faites attention à bien utiliser le passé composé, l'imparfait et le plus-que-parfait. Référez-vous aux explications du manuel (page 247) pour réviser l'utilisation de ces temps.
- Faites un effort conscient pour utiliser des pronoms relatifs. Notez les pronoms ici pour penser à les intégrer.

_____

_____

_____

D. Organisez votre rédaction

Quelle serait la meilleure façon d'organiser vos idées? Notez ici votre plan de travail.

Introduction: _____

_____

_____

Premier paragraphe

Idée principale: _____

_____

_____

Deuxième paragraphe

Idée principale: _____

_____

_____

Troisième paragraphe

Idée principale: _____

_____

_____

Conclusion: _____

_____

_____

E. Perfectionnez votre travail

1. Demandez à un(e) camarade de classe de lire votre rédaction et de vous faire des commentaires sur les idées, l'organisation et la langue.

2. Lisez votre travail à voix haute. Vous vous rendrez compte (*will notice*) plus facilement des problèmes d'organisation, des incohérences, des répétitions et des fautes d'inattention.

3. Faites attention aux points suivants:

   a. Les noms et les adjectifs
      - Le genre (masculin ou féminin) est-il correct?
      - Le nombre (singulier ou pluriel) est-il correct?
      - Le déterminant (article défini, indéfini, partitif, etc.) est-il approprié?
      - La position des adjectifs est-elle correcte (avant ou après le nom)?

   b. Les verbes
      - Sont-ils au bon temps (présent, imparfait, passé composé, etc.)?
      - Leur structure est-elle correcte? (par exemple, faut-il une préposition?)
      - La conjugaison est-elle correcte?
      - Au passé, l'accord du participe passé est-il correct?

   c. L'orthographe
      - Vérifiez l'orthographe et n'oubliez pas les accents.

   d. Le ton et le style
      - Assurez-vous que le ton est approprié pour votre sujet et pour votre lecteur.
      - Évitez les répétitions: Utilisez des synonymes et des pronoms pour remplacer les noms.
      - Évitez les phrases trop simples: Utilisez des propositions relatives et des pronoms relatifs différents.
      - Utilisez des mots de transition (**d'abord, puis, ensuite, aussi, c'est pourquoi, [mal]heureusement, ainsi, de cette façon,** etc.).

Chapitre 5

POLITIQUE ET VIE PERSONNELLE:
Indochine (1992)

Grammar Tutorials
www.cengagebrain.com
• object pronouns

LES MOTS POUR LE DIRE

A. Votre dictionnaire personnel

Trouvez les mots de la **Liste de vocabulaire** (*Séquences*, pages 128–130) qui correspondent aux catégories suivantes.

The exercises in the **Les mots pour le dire** section can be done before seeing the film. but they will make more sense if you watch the film first.

1. la politique

_____

_____

_____

_____

2. la colonisation

_____

_____

_____

_____

3. les relations parents-enfants

_____

_____

_____

_____

4. l'amour

_____

_____

_____

_____

B. Synonymes et antonymes

Le synonyme le plus proche

Éliminez le mot qui ne va pas avec les autres pour garder les synonymes les plus proches.

1. gentil	compatissant	amical	étouffant
2. inflexible	lâche	autoritaire	dominateur
3. se disputer	s'entendre	rompre	se détacher
4. renvoyer	exploiter	sauver	battre
5. défier	se rebeller	obéir	se révolter
6. fuir	déserter	disparaître	muter

L'antonyme le plus proche

Trouvez le contraire.

___ **1.** rebelle   **a.** la misère

___ **2.** courageux   **b.** fuir

___ **3.** une liaison durable   **c.** se révolter

___ **4.** un accord   **d.** lâche

___ **5.** la richesse   **e.** la rupture

___ **6.** la réconciliation   **f.** s'entendre

___ **7.** obéir   **g.** un désaccord

___ **8.** rester   **h.** retrouver

___ **9.** quitter   **i.** une aventure de passage

___ **10.** se disputer   **j.** docile

C. Donnez votre opinion

Soulignez la situation qui vous semble préférable.

1. une mère étouffante	une mère indulgente
2. une mère possessive	une mère froide
3. un officier lâche	un officier inflexible
4. un mari compatissant/une femme compatissante	un mari aisé/une femme aisée
5. une liaison amoureuse passionnelle	une liaison amoureuse amicale

D. Le mot juste

Terminez les phrases avec le verbe qui convient. Faites attention aux temps.

diriger	muter	renvoyer	rompre
élever	se rendre compte	se révolter	souffrir

1. Il y avait des émeutes en Indochine: les Indochinois _____ souvent

   contre les Français.

2. Éliane était une chef d'entreprise très efficace: elle _____ son entreprise

   avec beaucoup de fermeté et d'intelligence.

3. Éliane a adopté Camille et elle l'_____ comme sa propre fille.

4. Raymond a perdu son travail: Éliane l'_____ parce qu'il n'avait pas été

   courageux pendant l'incendie de l'usine.

5. Éliane a demandé à Guy de transférer Jean-Baptiste. Guy l'a fait. Il

   _____ Jean-Baptiste à l'île du Dragon.

6. Les conditions de vie étaient difficiles en prison, alors Camille _____

   physiquement et mentalement.

7. La prison a ouvert les yeux à Camille. Elle _____ de la misère des

   paysans indochinois.

8. En sortant du bagne, Camille a décidé de ne plus revoir sa famille: elle

   _____ avec sa famille.

E. Et vous?

Répondez aux questions par des phrases complètes en consultant la **Liste de vocabulaire** (*Séquences,* pages 128–130).

1. Où avez-vous grandi?

   _____

   _____

2. Qu'est-ce que vous avez ressenti quand vous vous êtes éloigné(e) de votre famille pour la première fois?

   _____

   _____

3. Qu'est-ce qui vous manque le plus à l'université?

_____

_____

4. Avec quel type de personnes est-ce que vous vous entendez bien?

_____

_____

5. Est-ce que vous vous êtes disputé(e) avec quelqu'un récemment? Avec qui? Pourquoi? Est-ce que vous vous êtes réconcilié(e)s?

_____

_____

6. Avez-vous déjà vécu des retrouvailles émouvantes? (Donnez quelques détails: Qui avez-vous retrouvé? Après combien de temps? Où se sont passées les retrouvailles?)

_____

_____

F. Dictée

🔊 1-38

Après avoir révisé votre **Liste de vocabulaire,** écoutez le passage pour compléter le texte.

Je suis née princesse d'Annam, mais très vite après j'étais _____ (1). Ma mère adoptive était une Française _____ (2) de la haute société _____ (3) qui s'appelait Éliane. Grâce à elle, j'ai grandi dans un monde de luxe et de tranquillité sur _____ (4) d'hévéas. Éliane et moi _____ (5). Je l'aimais et je _____ (6). Je me croyais heureuse, mais je ne connaissais rien de la vie. Éliane voulait _____ (7) des réalités politiques et sociales de mon pays, mais cette protection est devenue _____ (8) et j'ai dû _____ (9). _____ (10) ma mère et mon passé et j'ai retrouvé mon pays. J'ai vu _____ (11) de mon peuple qui mourait de faim. J'ai vu _____ (12) et _____ (13). J'ai recherché l'amour d'un homme, mais j'ai trouvé mon destin. On m'appelle maintenant « la princesse rouge ».

PRÉPARATION À LA DISCUSSION

Avant de faire ces activités, révisez. **Les pronoms personnels,** *y et en* A-F1 dans la section grammaire du chapitre 5.

Prononciation: les pronoms personnels, y et **en**

Pronouns make communication more fluid and more efficient by replacing a longer section of discourse with a single syllable and often by a single sound. The following exercises will help you become better at hearing the pronoun within a sentence.

A. La prononciation des pronoms I

40

Listen and repeat.

1. Nous avons déjà mangé.	Nous y avons déjà mangé.
2. Il écrit.	Il l'écrit.
3. Elle a grandi.	Elle y a grandi.
4. J'ai peur de parler.	J'ai peur d'en parler.
5. Tu as téléphoné?	Tu lui as téléphoné?
6. J'ai voulu aider.	J'ai voulu l'aider.
7. Elle ne l'a pas dit.	Elle ne me l'a pas dit.
8. Vous avez réfléchi?	Vous y avez réfléchi?
9. Il a plu.	Il m'a plu.
10. Il n'en a pas.	Il n'y en a pas.
11. Vous avez perdu.	Vous l'avez perdu.
12. Ils ne veulent pas écouter.	Ils ne veulent pas l'écouter.

B. La prononciation des pronoms II

41

Now you will hear one of the sentences in each pair from Activity A read aloud. Circle the sentence you hear.

C. La prononciation des pronoms III

42

Listen to the following sentences and circle the pronoun you hear.

1. le	la	les	lui	y	en
2. le	la	les	lui	y	en
3. le	la	les	lui	y	en
4. le	la	les	lui	y	en
5. le	la	les	lui	y	en
6. le	la	les	lui	y	en
7. le	la	les	lui	y	en
8. le	la	les	lui	y	en
9. le	la	les	lui	y	en
10. le	la	les	lui	y	en

D. La prononciation des pronoms IV

43

Practice the pronunciation of pronouns in negative sentences by repeating each of the following sentences you hear.

1. Nous n'y avons jamais mangé.

2. Il ne l'a pas encore écrit.

3. Elle n'y a pas grandi.

4. Je n'ai pas peur d'en parler.

5. Tu ne lui as pas encore téléphoné?

6. Je n'ai plus voulu l'aider.

7. Vous n'y avez jamais réfléchi?

8. Il ne m'a pas du tout plu.

9. Vous ne l'avez pas perdu.

10. Ils ne veulent jamais l'écouter.

La grammaire et le film

E. Qui l'a fait? (les pronoms d'objet direct et indirect)

Répondez aux questions suivantes avec le mot entre parenthèses et en remplaçant les mots en italique par un pronom d'objet direct ou indirect. Faites l'accord du participe passé si c'est nécessaire.

Exemple: Qui a raconté *l'histoire de Camille* à Étienne? (Éliane)

Éliane l'a racontée à Étienne.

1. Qui a gagné *la course de bateaux*? (les Indochinois)

_____

2. Qui plaisait *à Camille et Éliane*? (Jean-Baptiste)

_____

3. Qui voulait acheter *un tableau* à la vente aux enchères? (Éliane et Jean-Baptiste)

_____

4. Qui voulait épouser *Éliane*? (Guy)

_____

5. Qui a fumé *de l'opium*? (Éliane)

_____

6. Qui a persuadé *les communistes* de protéger *Camille*? (Tanh)

_____

7. Qui a beaucoup manqué *à Éliane*? (Camille)

_____

8. Qui a demandé *à Éliane* d'élever *Étienne*? (Jean-Baptiste)

_____

F. Les lieux et les actions (le pronom **y**)

Liez le lieu à l'action indiquée en employant le pronom **y** et le passé composé. Faites l'accord du participe passé si c'est nécessaire.

Exemple: le marché aux esclaves (Camille / tuer un officier)

Camille y a tué un officier.

1. le cabaret (Éliane et Yvette / se revoir)

_____

2. Genève (Éliane / emmener Étienne)

_____

3. Saïgon (Jean-Baptiste / mourir)

_____

4. la vente aux enchères (Éliane et Jean-Baptiste / se rencontrer)

_____

G. Les relations des personnages (les pronoms disjoints)

Utilisez un pronom disjoint et un verbe à l'imparfait ou au passé composé pour décrire les relations indiquées. Si vous ne vous souvenez pas de la préposition, vérifiez dans la **Liste de vocabulaire** ou dans un dictionnaire.

> *Exemple:* Éliane (Yvette / être jalouse)
> *Yvette était jalouse d'elle.*

1. Éliane (Guy / être amoureux)

_____

2. Guy (Éliane / s'entendre)

_____

3. Jean-Baptiste et Camille (Éliane / penser)

_____

4. les Français (les nationalistes / se révolter)

_____

H. Le film et vous

Répondez aux questions en utilisant des pronoms quand cela est possible.

1. Comment trouvez-vous le film et les acteurs principaux?

Le film: _____

Catherine Deneuve (Éliane): _____

Vincent Perez (Jean-Baptiste): _____

2. Est-ce que les paysages du film vous donnent envie d'aller au Vietnam? Quels (autres) pays aimeriez-vous visiter?

_____

_____

3. Comprenez-vous l'évolution politique de Camille?

_____

_____

4. Est-ce que vous vous intéressez à la politique? Si oui, qu'est-ce qui vous intéresse particulièrement? Si non, pourquoi pas?

_____

_____

I. L'intrigue: l'histoire de Camille

Remplacez les pronoms dans les phrases suivantes par un élément de la liste pour refaire l'histoire.

Éliane et son fils	à sa mère
Jean-Baptiste	au marché aux esclaves
Jean-Baptiste et Camille	aux discussions sur l'indépendance du Vietnam
Jean-Baptiste et son fils	dans un camp communiste
	de la misère de son peuple
	du bagne

Exemple: Camille a eu le coup de foudre pour lui après un incident violent.

Camille a eu le coup de foudre pour Jean-Baptiste après un incident violent.

1. Éliane a voulu les séparer.

_____

2. Camille a épousé Tanh pour pouvoir le rejoindre.

_____

3. Camille en a pris conscience pendant son voyage.

_____

4. Camille y a tué un officier.

_____

5. Jean-Baptiste et Camille s'y sont cachés.

_____

6. Camille les a perdus près de la frontière chinoise.

_____

7. Quand Camille en est sortie, elle était communiste.

_____

8. Camille lui a parlé pour la dernière fois en sortant du bagne.

_____

9. Camille y a participé.

_____

10. Camille n'a pas voulu les revoir.

_____

POUR ALLER PLUS LOIN

Parlons de grammaire

The placement of pronouns

Other than the "unjoined" **pronoms disjoints,** all French pronouns are placed directly in front of the verb of which they are the object. Compare:

Pronouns in English follow the verb: *I like him.*

French pronouns precede the verb: Je l'aime. (literally, *I him like.*)

The good news is that learning the pattern for one pronoun means you've learned the pattern for them all. Consider the following examples:

a. Je l'aime.	**b.** Je l'ai aimé.	**c.** Je veux l'aimer.
a. Je lui écris.	**b.** Je lui ai écrit.	**c.** Je veux lui écrire.
a. J'y vais.	**b.** J'y suis allé.	**c.** Je veux y aller.
a. J'en ai.	**b.** J'en ai eu.	**c.** Je veux en avoir.

In sentences with simple tenses like the (a) examples above, the pronoun is placed directly in front of the verb.

In sentences with compound tenses like the (b) examples, the pronoun is placed in front of the auxiliary (**avoir** or **être**). This is consistent with the (a) examples, since there is one verb with two parts in the (b) examples.

When there are two verbs in the sentence, as in the (c) examples, the pronoun goes in front of the verb to which it belongs. This is usually, but not always, the infinitive. Similarly, in English, the pronoun follows the verb to which it belongs: *I want to see him.*

The placement of multiple pronouns

Here is the order to follow when using more than one pronoun with the same verb.

1. All sentences, except affirmative imperatives:

me	le	lui	y	en	verb
te	la	leur			
se	les				
nous					
vous					

There is a mnemonic device to remember the order of **y** and **en:** In French, a donkey says, « **y en, y en.** »

2. Affirmative imperatives:

verb	le	moi (m')	y	en
	la	toi (t')		
	les	lui		
		nous		
		vous		
		leur		

Avant de faire ces activités, étudiez. **Les pronoms personnels,** *y et en* E5 et F dans la section grammaire du chapitre 5.

Remember that **moi** and **toi** become m' and t' in front of a vowel or a mute **h.**

La grammaire et le film

A. Les situations du film

Remplacez les mots soulignés par les pronoms qui conviennent.

1. Éliane parlait <u>de la France</u> <u>à Camille</u>.

_____

2. Tanh a amené <u>Camille</u> <u>à la gare</u> juste après leur mariage.

_____

3. On a éloigné <u>Jean-Baptiste</u> <u>de Saïgon</u>.

_____

4. On a éloigné <u>Jean-Baptiste</u> <u>de Camille</u>.

_____

5. Jean-Baptiste doit se soumettre <u>à la décision de ses supérieurs</u>.

_____

6. M. Devries a offert <u>un électrophone</u> <u>à Éliane</u>.

_____

7. Camille s'est détachée <u>de son passé</u>.

_____

8. Les Européens s'habituaient mal <u>au climat indochinois</u>.

_____

B. Éliane et Camille

Réécrivez le paragraphe suivant en utilisant des pronoms pour éviter (*to avoid*) les répétitions. Faites attention à la structure des verbes et choisissez le pronom approprié (objet direct, objet indirect, **y, en** ou pronom disjoint). Faites l'accord du participe passé si c'est nécessaire.

Éliane aimait passionnément Camille. Elle était fière de Camille. Elle pensait que personne ne pouvait résister à Camille. Elle voulait que Camille connaisse ses origines indochinoises, alors elle lui parlait souvent de ses origines. Camille faisait confiance à Éliane et elle aimait vivre à la plantation. Quand Éliane a décidé d'éloigner Camille de la plantation à cause de Jean-Baptiste, Camille a rompu avec Éliane. Éliane ne voulait pas cette séparation, et elle s'est mal habituée à la séparation. Elle a attendu Camille à la sortie du bagne. Mais Camille est sortie du bagne transformée. Elle a embrassé sa mère et a demandé à sa mère des nouvelles de son fils, mais elle n'a pas voulu retourner vivre avec sa mère et son fils.

_____

_____

_____

_____

_____

_____

_____

_____

_____

_____

C. Qu'en pensez-vous?

Répondez aux questions suivantes avec le pronom approprié.

1. Est-ce qu'Éliane a raison de battre ses employés?

_____

2. Est-ce que Jean-Baptiste est vraiment amoureux d'Éliane?

_____

3. Est-ce que Camille va revoir son fils un jour?

_____

4. Est-ce qu'Éliane pourra être heureuse en France?

_____

5. Est-ce que Jean-Baptiste s'est suicidé?

_____

6. Est-ce que Camille pourrait vivre comme avant?

_____

7. Est-ce que Guy épousera Yvette?

_____

8. Est-ce qu'Étienne retournera un jour en Indochine?

_____

9. Est-ce que les communistes avaient raison de lutter contre les Français?

_____

10. Comment trouvez-vous l'histoire de Camille? Croyez-vous au destin?

_____

D. Donnez des conseils à Éliane

Choisissez le conseil qui s'accorde le mieux à chaque problème d'Éliane.

1. Je suis très troublée par le scandale.
   a. N'y pensez pas.
   b. Ne pensez pas à lui.

2. Je pense encore à Jean-Baptiste.
   a. Ne parlez plus de lui.
   b. N'en parlez plus.

3. J'entends des accusations dans le village.
   a. Répondez-leur.
   b. Répondez-y.

4. Mes amis me critiquent.
   a. Éloignez-vous-en.
   b. Éloignez-vous d'eux.

5. J'ai peur de l'avenir.
   a. Il ne faut pas en avoir peur.
   b. Il ne faut pas avoir peur de lui.

6. J'ai peur de parler à Étienne de sa mère.
   a. Parlez-lui-en.
   b. Parlez-lui d'elle.

7. Je ne sais pas si je vais pouvoir m'habituer à une nouvelle vie.
   a. Vous allez vous y habituer.
   b. Vous allez vous habituer à elle.

8. J'ai beaucoup de choses à dire à ma fille.
   a. Dites-les-lui.
   b. Dites-leur.

E. Imaginez ce qu'ils disent

Imaginez ce que les personnes suivantes pourraient dire. Utilisez des verbes à l'impératif et des pronoms, selon le modèle.

Exemples: Jean-Baptiste demande à Éliane de lui laisser le tableau. Il lui dit:

Laissez-le-moi!

Éliane demande à Guy de ne pas envoyer Camille au bagne. Elle lui dit:

Ne l'y envoie pas!

> If you are not comfortable using two pronouns at once, break up the task. You can answer in stages, as follows:
>
> Laissez le tableau à Jean-Baptiste. → Laissez-le à Jean-Baptiste. → Laissez-le-lui!
>
> N'envoie pas Camille au bagne. → Ne l'envoie pas au bagne. → Ne l'y envoie pas!

1. Une amie conseille à Camille de ne pas se marier avec Tanh. Elle lui dit:

_____

2. Jean-Baptiste demande à l'amiral de ne pas le muter dans l'île du Dragon. Il lui dit:

_____

3. À Genève, Étienne demande à Éliane de lui montrer sa mère. Il lui dit:

_____

4. Guy demande au propriétaire de la fumerie d'opium de ne plus donner d'opium à Éliane. Il lui dit:

_____

5. Un politicien conseille aux Français de donner l'indépendance aux Indochinois. Il leur dit:

_____

6. Camille demande à Éliane de ne pas parler d'elle à Étienne. Elle lui dit:

_____

PRÉPARATION À LA LECTURE

A. Les renseignements culturels: la France et le Vietnam

Comme le fils de Camille, la protagoniste du récit autobiographique que vous allez lire, *Métisse blanche,* est une métisse franco-vietnamienne qui a immigré en France. Quelques recherches sur Internet vont vous aider à mieux comprendre son histoire et ses sentiments envers le Vietnam et la France. Visitez **www.cengagebrain.com** pour trouver des liens qui vous aideront à répondre aux questions suivantes.

1. Notez quelques informations biographiques sur Kim Lefèvre.

   _____

   _____

   _____

2. Qui était Hô Chi Minh et quelles ont été ses relations avec la France?

   _____

   _____

   _____

3. Sous quelles formes est-ce que la présence française existe toujours au Vietnam?

   _____

   _____

   _____

4. Qu'est-ce que « L'année France-Vietnam 2013–14 » célébrait? Donnez quelques exemples d'activités culturelles vietnamiennes qui ont eu lieu en France pendant « L'année France-Vietnam ».

   _____

   _____

   _____

B. En d'autres mots

Liez les citations du texte aux pensées et sentiments qu'elles expriment.

___ 1. « Je ne sais pas à quoi ressemble mon géniteur. »

___ 2. « J'ai nourri à l'égard de ce père inconnu une haine violente comme seuls en sont capables les enfants profondément meurtris. »

___ 3. « Affolée par l'ampleur des conséquences que mon existence allait faire peser sur sa vie, elle me confia à une nourrice avant de s'enfuir loin jusqu'à Saïgon, terre pour elle étrangère où elle espérait rebâtir un avenir. »

___ 4. « Tout en moi heurtait mes proches: mon physique de métisse, mon caractère imprévu, difficile à comprendre, si peu Viêt-Namien en un mot. On mettait tout ce qui était mauvais en moi sur le compte du sang français qui circulait dans mes veines. »

___ 5. « Petite fille, je rêvais d'accidents providentiels qui me videraient de ce sang maudit, me laissant pure Viêt-Namienne… car j'aimais ce pays, les rizières, les haies de bambous verts, les mares où je pataugeais en compagnie d'autres enfants du même âge. »

___ 6. « Je me souviens également de ma peur de la France, un mélange de panique et de répulsion, comme lorsqu'on jette une vierge dans le lit d'un inconnu. »

___ 7. « Ici, les choses me paraissent simples. Si je dis que je suis Viêt-Namienne, on me prend comme telle, si je dis que je suis française, on me demande de quelle origine je suis: sans plus. »

a. La narratrice appréciait la beauté de son pays natal.

b. La narratrice trouve que les Français acceptent mieux les différences que les Vietnamiens.

c. La narratrice rejette le souvenir de son père.

d. La narratrice n'a jamais vu son père.

e. La narratrice avait très peur d'aller en France.

f. La narratrice a beaucoup souffert d'avoir été métisse au Vietnam.

g. La mère de la narratrice avait peur d'être malheureuse à cause de sa fille.

C. Vocabulaire: les mots dans leur contexte

Lisez la phrase pour saisir le contexte et offrez une traduction possible des mots soulignés.

Exemple: « Je me souviens du sentiment de terreur que j'ai éprouvé à l'approche du départ… »

On éprouve un sentiment.

éprouver = *to feel, to experience*

1. « J'ai nourri à l'égard de ce père inconnu une haine violente, comme seuls en sont capables les enfants profondément meurtris. »

On nourrit un sentiment (une haine, par exemple) pour quelqu'un.

nourrir = _____

2. « Ma mère… s'est retrouvée seule avec <u>une enfant à charge</u>. »

« Une charge » est une responsabilité.

une enfant à charge = _____

3. « Ma mère <u>chercha à me placer</u> dans un orphelinat afin de me "rendre à ma race." »

« Chercha à » signifie « a essayé de » et « placer » signifie « mettre ».

chercha à me placer = _____

4. « Je n'ai gardé aucun souvenir des premières années de ma vie, hormis ce sentiment très tôt <u>ressenti</u> d'être partout <u>déplacée</u>, étrangère… »

On ressent un sentiment.

ressentir = _____

« Déplacée » a une signification proche du mot « étrangère ».

déplacé = _____

5. « Certes, je n'ignore pas les <u>courants</u> racistes <u>dirigés</u> contre les communautés maghrébines… »

« Un courant » est un mouvement, une tendance.

courant = _____

On dirige le racisme contre un groupe.

diriger = _____

6. « Car ce que le Viêt-nam m'avait refusé, la France me l'a <u>accordé</u>: elle m'a reçue et acceptée. »

« Accorder » est le contraire de « refuser ».

accorder = _____

D. Imaginez des situations

Vous allez rencontrer les situations suivantes dans les deux extraits de *Métisse blanche* que vous allez lire en classe. Imaginer le contexte de ces situations va vous préparer à mieux comprendre le texte. Écrivez une ou deux phrases pour chaque situation.

Exemple: **La narratrice n'a jamais connu son père. Imaginez comment elle peut vivre cette situation.**

Elle veut connaître son identité; elle se demande pourquoi il l'a abandonnée; elle le trouve égoïste.

1. La mère de la narratrice est une mère célibataire (*single mother*) dans un petit village. Imaginez sa vie.

_____

_____

_____

2. La narratrice est la fille illégitime d'un soldat français. Imaginez l'attitude des nationalistes vietnamiens à son égard (*toward her*).

_____

_____

_____

3. La narratrice quitte son pays natal pour aller en France. Imaginez ses craintes (*fears*).

_____

_____

_____

4. La narratrice essaie de s'intégrer en France. Imaginez l'attitude des Français face à une Franco-vietnamienne.

_____

_____

_____

E. La lecture

Parcourez les extraits de *Métisse blanche* dans votre manuel.

PRÉPARATION À L'ÉCRITURE

Dans *Indochine* et *Métisse blanche*, nous voyons que la politique peut avoir une influence profonde et même catastrophique sur la vie d'un individu. Bien que le résultat ne soit pas toujours aussi intense, nous sommes tous touchés par la politique d'une manière ou d'une autre. De quelle façon et à quel moment est-ce que les évènements politiques ont influence votre vie?

A. Choisissez un sujet

À quel moment est-ce que la politique a touché votre vie?

Quelques possibilités:
- le 11 septembre 2001
- les élections présidentielles
- le début d'une guerre
- un scandale politique local ou national
- une manifestation locale ou nationale
- si vous avez voyagé: l'attitude pro- ou anti-américaine à l'étranger

B. Réfléchissez au contenu

Quels détails choisirez-vous pour rendre votre composition intéressante?
- **Où** étiez-vous au moment de cette expérience?

  Quels éléments vous aident à décrire le lieu? Y a-t-il des bruits, des odeurs, des couleurs que vous associez au lieu de votre expérience? Vous souvenez-vous du temps? Qu'est-ce que le lieu représentait pour vous avant l'évènement que vous décrivez? Est-ce que ces associations ont changé après?

  Notez quelques idées:

  _____

  _____

  _____

- **Avec qui** étiez-vous?

  Avez-vous partagé cette expérience avec d'autres personnes? Comment ont-elles réagi à l'évènement que vous décrivez? Est-ce que leurs attitudes ont influencé la vôtre? Pouvez-vous imaginer des dialogues qui pourraient rendre votre récit plus intéressant?

  Notez quelques idées:

  _____

  _____

  _____

- **Que** s'est-il passé?

  Faites une liste des actions qui se sont passées. Pouvez-vous en refaire une chronologie précise? Y a-t-il certains éléments qui vous semblent plus essentiels que d'autres? Pouvez-vous faire sentir leur importance à vos lecteurs?

  Notez quelques idées:

  _____

  _____

  _____

- **Quel effet** est-ce que cette expérience a eu sur vous?

  Considérez votre façon de voir le monde, vos actions, votre idée des autres et de vous-même et vos projets pour l'avenir.

  Notez quelques idées:

  _____

  _____

  _____

- **Comment** est-ce que l'aspect personnel de cette expérience vous aide à mieux comprendre le monde autour de vous?

  Notez quelques idées:

  _____

  _____

  _____

C. Réfléchissez à la langue

1. Pour vous aider à mettre vos idées sur papier, retournez à la **Liste de vocabulaire** (*Séquences,* pages 128–130). Considérez les verbes **prendre conscience, se rendre compte, se révolter,** etc. Utilisez ceux qui peuvent vous aider à vous exprimer de manière plus précise.

2. Faites attention aux temps que vous allez utiliser. Puisqu'il s'agit d'un évènement passé, vous allez écrire au passé composé, à l'imparfait et au plus-que-parfait. Référez-vous à votre manuel pour réviser l'emploi de ces temps.

3. Faites un effort conscient pour utiliser les pronoms que vous avez étudiés dans ce chapitre, mais n'en utilisez pas trop!

D. Organisez votre rédaction

Cherchez une structure pour votre rédaction. Notez de quoi vous allez parler dans chaque paragraphe. Puis commencez à écrire votre rédaction sur une feuille séparée.

Exemple:

> Introduction: brève présentation de l'évènement qui vous a marqué(e)
>
> Paragraphe 1: où vous étiez, avec qui, ce que vous faisiez
>
> Paragraphe 2: ce qui s'est passé
>
> Paragraphe 3: comment cet évènement a influencé votre vie
>
> Conclusion

E. Perfectionnez votre travail

1. Demandez à un(e) camarade de classe de lire votre rédaction et de vous faire des commentaires sur les idées, l'organisation et la langue.

2. Lisez votre travail à voix haute. Vous vous rendrez compte plus facilement des problèmes d'organisation, des incohérences, des répétitions et des fautes d'inattention.

3. Faites attention aux points suivants:
   a. Les noms et les adjectifs
      - Le genre (masculin ou féminin) est-il correct?
      - Le nombre (singulier ou pluriel) est-il correct?
      - Le déterminant (article défini, indéfini, partitif, etc.) est-il approprié?
      - La position des adjectifs (avant ou après le nom) est-elle correcte?
   b. Les verbes
      - Sont-ils au bon mode (indicatif, subjonctif, infinitif, impératif, conditionnel)?
      - Sont-ils au bon temps (présent, imparfait, passé composé, etc.)?
      - Leur structure est-elle correcte? (par exemple, faut-il une préposition?)
      - La conjugaison est-elle correcte?
      - Au passé, l'accord du participe passé est-il correct?
   c. Les pronoms
      - Avez-vous choisi les pronoms corrects (complément d'objet direct, indirect, etc.)?
      - Les pronoms sont-ils placés au bon endroit (avant le verbe conjugué ou l'auxiliaire, avant l'infinitif)?
      - Avez-vous vérifié les accords des participes passés quand le pronom est un pronom d'objet direct?
   d. L'orthographe
      - Vérifiez l'orthographe et n'oubliez pas les accents.
   e. Le ton et le style
      - Assurez-vous que le ton est approprié pour votre sujet et pour votre lecteur.
      - Évitez les répétitions: Utilisez des synonymes et des pronoms pour remplacer les noms; variez les structures.
      - Évitez les phrases trop simples. Utilisez des propositions relatives.
      - Utilisez des mots de transition (**d'abord, puis, ensuite, aussi, c'est pourquoi, [mal]heureusement, ainsi, de cette façon,** etc.).

Chapitre 7

ÉCOLE ET SOCIÉTÉ: *Entre les murs (2008)*

 Grammar Tutorials
www.cengagebrain.com
• the subjunctive
• the past subjunctive

LES MOTS POUR LE DIRE

A. Votre dictionnaire personnel

Liez les mots suivants à la catégorie la plus appropriée. Puis trouvez trois autres mots dans la **Liste de vocabulaire** (*Séquences*, pages 177–180) pour compléter chaque liste.

> The exercises in the **Les mots pour le dire** section can be done before seeing the film, but they make more sense if you watch the film first.

Mots à classifier

grossier, grossière	l'échec	blesser	manquer de respect
provocateur, provocatrice	une explication de texte	conjuguer	porter plainte
un autoportrait	la moyenne	échouer	poser une question
un avertissement	une note	exprimer des sentiments	renvoyer
un bulletin	la rivalité	faire mal (à)	réussir
un conseil de classe	une sanction	interroger	s'énerver
un conseil de discipline	un tableau	interrompre	se fâcher

125

Le cours de français	Un(e) élève indiscipliné(e)	Les résultats scolaires	Les mauvaises relations
_____	_____	_____	_____
_____	_____	_____	_____
_____	_____	_____	_____
_____	_____	_____	_____
_____	_____	_____	_____
_____	_____	_____	_____
_____	_____	_____	_____

B. Les mots apparentés

Verbes et noms

Quels noms correspondent aux verbes suivants?

1. avertir _____

2. conjuguer _____

3. échouer _____

4. exclure _____

5. expliquer _____

6. renvoyer _____

7. se comporter _____

8. se réunir _____

Verbes et adjectifs

Quels adjectifs correspondent aux verbes suivants?

1. comprendre _____

2. exiger _____

3. faire du bruit _____

4. mépriser _____

5. provoquer _____

6. respecter _____

7. se débrouiller _____

8. se moquer _____

C. L'emploi du temps

Regardez l'emploi du temps d'Élodie G. et répondez aux questions suivantes.

NOM : GAILLOT

Prénom : ÉLODIE

Classe : 4 eme 4

☐ Externe ☒ Demi-pensionnaire ☐ Interne
n° 163

PHOTO

HORAIRES	Lundi	Mardi	Mercredi	Jeudi	Vendredi
8 h 00 à 9 h 00	SVT	Histoire-Géo B 3	Français B 7	EPS	Anglais B 10
9 h 00 à 10 h 00	C 15	Musique D	Anglais B 10		Arts plastiques
10 h 00 à 11 h 00	Maths C 1	P • CH	Français B 7	Espagnol C 12	Technologie D 5
11 h 00 à 12 h 00	Latin B 7	D	Histoire-Géo B 3	Latin B 7	
12 h 00 à 13 h 00					
13 h 00 à 14 h 00	Histoire-Géo B 5	Français B 5		Français B 7	Maths C 3
14 h 00 à 15 h 00	EPS	Maths C 1		Maths C 3	Espagnol C 12
15 h 00 à 16 h 00	Espagnol C 12	Anglais B 10		Français B 7	
16 h 00 à 17 h 00	Soutien Anglais	Latin B 7			Vie de classe B 5
17 h 00 à 18 h 00					

J'ai pris connaissance de l'emploi du temps de mon enfant et

☒ **J'autorise**
☐ **Je n'autorise pas** } mon fils, ma fille à quitter l'établissement (1):

Signature des Parents,
(ou du responsable légal)

- En cas de permanence non suivie de cours.

- En cas d'absence imprévue du professeur chargé du dernier cours.

(1) Matin et après-midi pour les externes, après-midi seulement pour les 1/2 pensionnaires.

Vocabulaire utile

S.V.T: Sciences de la vie et de la terre

p.ch.: Physique-Chimie

E.P.S.: Éducation physique et sportive

interne: élève qui habite au collège et rentre à la maison le week-end

externe: élève qui rentre chez lui/elle à midi et le soir

demi-pensionnaire: élève qui déjeune au collège à midi et rentre chez lui/elle le soir

permanence: *study hall* (être en permanence, avoir une heure de permanence)

Vie de classe/Vie scolaire: un cours dans lequel on discute des problèmes qui peuvent se poser dans la classe ou dans le collège (problème avec un professeur, conflits entre élèves, difficultés dans l'organisation de son travail, etc.). C'est le/la professeur principal(e) qui est chargé(e) de ce cours.

1. En quelle classe est Élodie?

2. Elle a cours combien de jours par semaine? De quelle heure à quelle heure?

3. Combien de matières/disciplines est-ce qu'Élodie étudie? Dans quelles matières est-ce qu'elle a le plus d'heures de cours?

4. Combien de langues étrangères est-ce qu'elle étudie?

5. Qu'est-ce que C15, C1, B7, etc., représentent, à votre avis?

6. Est-ce qu'Élodie a le droit de rentrer chez elle à 11h30 le mardi? à 16h le jeudi? à 15h le vendredi?

D. Le mot juste

Terminez les phrases en utilisant des mots de la **Liste de vocabulaire** (*Séquences*, pages 177–180). Faites attention aux temps et à la conjugaison des verbes.

1. Les élèves français ont un _____ très occupé: ils sont souvent en classe de 8 heures du matin jusqu'à 5 heures du soir.

2. Les élèves timides n'aiment pas que les profs les _____. Ils n'aiment pas parler devant leurs camarades.

3. Les élèves insolents _____ de respect à leurs profs.

4. On dit « tu » à ses camarades de classe, mais on _____ ses profs.

5. On n'a pas _____ de porter une casquette en cours. C'est interdit.

6. Souleymane oublie toujours ses _____, alors il n'a pas de stylo pour écrire.

7. La déléguée de classe dit que les _____ de Souleymane se sont amé-liorées: sa moyenne est passée de 6,75 à 7,25 sur 20.

8. Pendant le conseil de classe, les professeurs disent du bien des bons élèves, mais ils

_____ des mauvais élèves: ils critiquent leur conduite et leurs résultats.

9. Le _____ de discipline s'est réuni pour parler de la conduite de

Souleymane.

10. Quand on _____ un(e) élève indiscipliné(e), il/elle doit quitter son

collège ou son lycée et s'inscrire dans un autre établissement scolaire.

E. Et vous?

Répondez aux questions par des phrases complètes en consultant la **Liste de vocabulaire** (*Séquences,* pages 177–180).

1. Quel genre d'élève étiez-vous quand vous étiez au collège?

_____

_____

2. Est-ce que vous attendiez la rentrée avec impatience? Pourquoi (pas)?

_____

_____

3. Comment étaient vos notes? Vous souvenez-vous de votre moyenne? Dans quels cours est-ce que vous réussissiez le mieux?

_____

_____

4. Quel(s) cours préfériez-vous et pourquoi?

_____

_____

5. Est-ce qu'il y avait des élèves perturbateurs dans vos classes? Qu'est-ce qu'ils faisaient? Comment étaient-ils sanctionnés?

_____

_____

6. Pour vous, quelles sont les caractéristiques d'un bon prof?

_____

_____

F. Dictée

Écoutez le passage pour compléter le texte.

Le film *Entre les murs* décrit _____ (1) dans un collège de _____ (2).

On _____ (3) d'abord à une _____ (4) de pré-rentrée pendant

laquelle les professeurs font connaissance et reçoivent leurs _____ (5). Certains

sont fatigués d'_____ (6) et _____ (7) du comportement des

élèves. En 4ᵉ 3, il y a des élèves qui sont _____ (8), et d'autres qui sont

_____ (9). Ils font _____ (10); ils _____ (11) avec

leurs camarades et ils _____ (12) parfois leur professeur de français. Le prof leur

reproche de _____ (13). Il aimerait les aider à _____ (14).

Avant de faire ces activités, étudiez la partie D (**Emploi du subjonctif**) dans la section grammaire du chapitre 7.

PRÉPARATION À LA DISCUSSION

Parlons de grammaire

As the subjunctive has all but disappeared from English, American students studying the French subjunctive have trouble understanding and appreciating its contribution to the communication of thought. Whereas the indicative points to actions that have happened, do happen, or will happen in real life, the subjunctive is used to describe actions that are unreal, unrealized, or at the very least uncertain. Consider these two very different sentences:

a. J'ai perdu cinq kilos. (indicative)   *I lost 10 pounds.*
b. Il faut que je perde cinq kilos. (subjunctive)   *I have to lose 10 pounds.*

These sentences mean very different things. Thanks to the subjunctive, the French language is able to clearly mark the difference between real events and imaginary ones in a way that English often can't. Some linguistic theorists have claimed that such differences influence the way that speakers see the world.

The same observations can be made for desires and preferences.

a. Tu as appris les formes et l'emploi du subjonctif. (indicative)
You learned the forms and usage of the subjunctive.
b. Je veux que tu apprennes les formes et l'emploi du subjonctif. (subjunctive)
I want you to learn the forms and usage of the subjunctive.

In (a), the outcome is clear. In (b), it is much less certain, and the subjunctive rightly emphasizes this lack of certainty.

Now consider how the use of the infinitive differs in French from that of the subjunctive. One person's desires for another do not directly influence reality, however much we'd like them to. Fortunately, humans do have some control over their own actions, so when one expresses a desire, preference, or emotional state about oneself, it is not necessary to use the subjunctive. The infinitive is used in its place.

a. Je préfère que vous soyez à l'heure. (subjunctive)   *I prefer you to be on time.*
b. Je préfère être à l'heure. (infinitive)   *I prefer to be on time.*

In (a), where there are two different subjects, the speaker's preference does not necessarily affect the outcome. But in (b), where the subjects are the same, the speaker's control makes the outcome far more certain.

Prononciation: les verbes au subjonctif

To distinguish the subjunctive from the indicative you need to pay attention to two main features:

1. Except for -**er** verbs and some irregular verbs, there is a consonant sound at the end of the **je, tu, il/elle/on** forms of the subjunctive.

2. There is an extra vowel in the **nous** and **vous** forms of most verbs in the subjunctive.

A. Les verbes au subjonctif présent I

Listen to and repeat the verb forms you hear.

1. pars   partes
2. lit   lise
3. avertis   avertisse
4. s'entend   s'entende
5. soutiens   soutiennes
6. venez   veniez
7. obtenons   obtenions
8. buvez   buviez
9. allons   allions
10. devez   deviez

B. Les verbes au subjonctif présent II

Now listen to the verbs in context and circle the form you hear.

1. pars   partes
2. lit   lise
3. avertis   avertisse
4. s'entend   s'entende
5. soutiens   soutiennes
6. venez   veniez
7. obtenons   obtenions
8. buvez   buviez
9. allons   allions
10. devez   deviez

C. Les verbes irréguliers au subjonctif présent

Circle the infinitive of the subjunctive verbs you hear in each of the sentences.

1. faire   finir
2. être   avoir
3. passer   pouvoir
4. vouloir   venir
5. aller   avoir
6. suivre   savoir
7. être   avoir
8. perdre   prendre

D. Les verbes au subjonctif passé

2-16   Listen to each sentence in the present subjunctive. Then put the sentence in the past subjunctive, say it aloud, and check your answer by listening to the speaker.

Example: You hear: Je suis triste que tu aies une mauvaise note.

You say: *Je suis triste que tu aies eu une mauvaise note.*

1. Je ne suis pas sûr qu'il parte.

2. C'est dommage qu'elle ne prenne pas de notes.

3. Il est surprenant que les élèves se disputent.

4. On n'est pas content qu'ils manquent la classe.

5. Il se peut que le prof ne comprenne pas la situation.

6. C'est bien que ses parents l'aident.

7. Je regrette que tu ailles à l'étranger.

8. C'est dommage que vous ne finissiez pas vos études.

La grammaire et le film

E. Les attentes de M. Marin (*Mr. Marin's expectations*)

1. Qu'est-ce que M. Marin attend de ses élèves le jour de la rentrée? Terminez les phrases en mettant les verbes au subjonctif présent.

    a. M. Marin demande que les élèves _____ (écrire) leur nom et leur prénom sur une feuille de papier.

    b. Il aimerait que la classe _____ (perdre) moins de temps.

    c. Il a peur que ses élèves _____ (apprendre) moins de choses que ceux des autres collèges.

    d. Il n'est pas content que les élèves _____ (faire) tant de bruit (*so much noise*).

2. Qu'est-ce que M. Marin attend de ses élèves pendant le reste de l'année scolaire? Terminez les phrases avec une des suggestions en mettant le verbe au subjonctif présent.

> **Suggestions:** faire un autoportrait
> apprendre à s'exprimer clairement
> connaître la différence entre le français écrit et le français parlé
> savoir conjuguer les verbes
> vouvoyer les professeurs
> répondre à ses questions
> lire à haute voix quand il le demande.

    a. M. Marin souhaite que Souleymane _____.

    b. M. Marin exige que Khoumba _____.

    c. M. Marin tient à ce que les élèves _____.

    d. M. Marin s'attend à ce que les élèves _____.

F. Le conseil de classe

Mettez les verbes au présent de l'indicatif ou du subjonctif.

La majorité des profs pensent que Louise (1) _____ (être) une excellente

élève et ils voudraient qu'elle (2) _____ (obtenir) les félicitations. Un prof

objecte. Il trouve que Louise (3) _____ (pouvoir) encore faire des progrès et

il regrette que son comportement ne (4) _____ (être) pas plus responsable.

M. Marin partage son opinion. Il aimerait que Louise (5) _____ (se conduire)

comme une « tête de classe » et qu'elle (6) _____ (avoir) une influence plus

positive sur ses camarades. Le principal décide que Louise (7) _____ (mériter)

les félicitations, mais il suggère qu'elle (8) _____ (réfléchir) aux objections

des professeurs pour s'améliorer au dernier trimestre.

G. Le conseil de discipline

Voici une partie du procès-verbal (*minutes*) du conseil de discipline qui s'est réuni pour parler du cas de Souleymane. Mettez les verbes au mode et au temps appropriés: présent, passé composé ou futur de l'indicatif, présent ou passé du subjonctif.

Le principal expose les faits: le conseil de discipline se réunit parce que Souleymane

(1) _____ (tutoyer) son professeur, (2) _____ (blesser) une

élève et (3) _____ (quitter) la classe bien que cela (4) _____

(être) interdit.

Il faut que Souleymane (5) _____ (traduire) ce que dit le principal, car

sa mère ne comprend pas le français.

Le prof d'histoire-géo dit qu'il regrette que les profs (6) _____

(ne pas parler) du cas de Souleymane plus tôt. Mais il trouve que son comportement

(7) _____ (être) inadmissible.

Le principal voudrait que Souleymane (8) _____ (dire) quelque chose

pour expliquer son comportement, mais Souleymane ne répond pas.

Tout le monde est surpris que la mère de Souleymane (9) _____ (se mettre

en colère) et que Souleymane lui (10) _____ (répondre) agressivement.

Puis la mère s'adresse au conseil dans sa langue maternelle et dit que Souleymane

(11) _____ (être) un bon garçon.

Review when to use the indicative and the subjunctive with verbs of opinion.

To decide between the indicative and the subjunctive, decide if the sentence is stating a fact or expressing the subject's desire, will, preference, opinion, etc.; be careful with verbs of opinion and exceptions. To decide on the tense, consider the context and make sure you read the whole sentence.

Le principal lui répond: il est certain que Souleymane (12) _____ (être) un bon fils, mais il voudrait qu'on (13) _____ (revenir) sur les faits.

Un parent d'élève s'étonne que M. Marin (14) _____ (participer) au conseil de discipline. Il pense que M. Marin (15) _____ (être) un peu responsable de la situation et il aimerait qu'on (16) _____ (tenir) compte de cela [tenir compte de: *to take into account*].

Le prof d'histoire-géo intervient. Pour lui, il est inadmissible qu'on (17) _____ (pouvoir) tutoyer le professeur et quitter la classe sans autorisation.

Souleymane et sa mère sortent en attendant que le conseil (18) _____ (prendre) une décision.

Le principal annonce l'exclusion de Souleymane. Il dit que tout sera fait pour que Souleymane (19) _____ (être) admis dans un autre collège rapidement. Il espère que Souleymane (20) _____ (réussir) dans son nouvel établissement.

Et vous?

H. Votre opinion sur l'action du film

Qu'est-ce que vous pensez de ce collège, des élèves et du conseil de discipline? Terminez les phrases pour exprimer votre opinion. Faites attention au mode que vous utilisez (indicatif ou subjonctif).

1. Je trouve que _____

_____

2. Je suis surpris(e) que _____

_____

3. Je suis triste que _____

_____

4. Il me semble que _____

_____

5. C'est dommage que _____

_____

6. Il faudrait que _____

_____

L'intrigue

I. L'exclusion de Souleymane, un cercle vicieux

Reconstituez les étapes menant au renvoi de Souleymane en mettant les phrases suivantes dans l'ordre chronologique. Numérotez-les de 1 à 8.

____ **a.** M. Marin insulte les déléguées. Elles se mettent en colère et Souleymane se joint à elle contre le prof.

____ **b.** Souleymane se dispute avec Carl à propos de la Coupe de football d'Afrique, puis il tutoie le prof et doit aller dans le bureau du principal.

____ **c.** Souleymane n'a pas fait son autoportrait. M. Marin lui conseille de le faire avec des photos.

____ **d.** Les profs n'ont rien de positif à dire sur Souleymane au conseil de classe. M. Marin dit qu'il est « scolairement limité ».

____ **e.** Souleymane a oublié ses affaires. Il dit qu'il recopiera la leçon à la maison.

____ **f.** La dispute entre Souleymane et M. Marin dégénère. Souleymane se lève pour quitter la classe et il blesse Khoumba en sortant.

____ **g.** Souleymane reproche à M. Marin de l'avoir critiqué au conseil de classe.

____ **h.** Le conseil de discipline décide de l'exclusion de Souleymane.

POUR ALLER PLUS LOIN

La grammaire et le film

> Avant de faire ces activités, étudiez la partie E (**Subjonctif ou infinitif?**) dans la section grammaire du chapitre 7.

A. Les situations du film

Décrivez des situations du film en combinant les phrases ci-dessous avec une des phrases de la liste. Décidez si vous allez utiliser le subjonctif ou l'infinitif dans la proposition subordonnée et faites les autres changements nécessaires. Dans certains cas, plusieurs réponses sont possibles.

Rappel Pour décider entre l'infinitif et le subjonctif, vérifiez si les sujets des deux phrases sont différents ou non.

> Révisez la partie D1 (**Emploi du subjonctif après certains verbes**) dans la section grammaire du chapitre 7.

Les élèves de 4ᵉ peuvent comprendre Voltaire.	M. Marin a de la préférence pour certains élèves.
Elle a de bonnes notes.	Il mange chez un ami.
Il y a des élèves travailleurs au collège.	Elle exprime ses opinions.
Khoumba et Esmeralda vont se promener dans d'autres quartiers de Paris.	Les élèves n'ont rien appris en cours de français.
Il enseigne les tables de multiplication.	Souleymane est exclu.
Les profs ne valorisent pas les élèves.	Esmeralda veut être rappeuse ou policière.
Henriette va au lycée professionnel.	Ils enseignent dans un autre collège.

Exemple: Certains profs préféreraient _____.

Certains profs préféreraient *enseigner dans un autre collège.*

OU Certains profs préféreraient *que Souleymane soit exclu.*

1. Un élève a honte _____.

2. M. Marin aimerait _____.

3. Les délégués des parents regrettent _____.

4. Khoumba n'a pas peur _____.

5. Le prof de maths en a assez _____.

6. M. Marin est surpris _____.

7. Louise est heureuse _____.

8. Les élèves ne sont pas contents _____.

9. Esmeralda souhaite _____.

10. M. Marin ne pense pas _____.

Avant de faire les exercices B et C, révisez les parties D2 (**Emploi du subjonctif après certaines conjonctions**) et E3-4 (**Structure de la proposition infinitive**) dans la section grammaire du chapitre 7.

B. La vie au collège: *pour* ou *pour que*?

• Reliez les pratiques décrites dans la colonne de gauche à leur but (*goal*) ou conséquence dans la colonne de droite.

___ 1. Il y a des délégués de classe.

___ 2. Il faut/On doit avoir une excellente moyenne.

___ 3. Les élèves ont un carnet de correspondance.

___ 4. On doit respecter le règlement.

___ 5. Les profs donnent parfois les encouragements sur le bulletin scolaire.

___ 6. Il y a des cours de « vie de classe ».

a. On n'est pas exclu.

b. Les élèves font plus d'efforts.

c. On apprend aux élèves à vivre ensemble.

d. La communication est bonne entre les profs et les élèves.

e. Les profs peuvent avertir les parents en cas de problème.

f. On reçoit les félicitations.

• Maintenant combinez les deux phrases en utilisant **pour** ou **pour que** et en faisant les changements nécessaires dans la deuxième partie de la phrase.

1. Il y a des délégués de classe *pour que la communication soit bonne entre les profs et les élèves.*

2. Il faut/On doit avoir une excellente moyenne _____.

3. Les élèves ont un carnet de correspondance _____.

4. On doit respecter le règlement _____.

5. Les profs donnent parfois les encouragements sur le bulletin scolaire

_____.

6. Il y a des cours de « vie de classe » _____.

C. La vie au collège: préposition ou conjonction?

Terminez les phrases ci-dessous en utilisant la préposition ou la conjonction qui convient. Utilisez huit expressions différentes de la liste.

à condition de/à condition que	à moins de/à moins que	avant/avant que
bien que	de peur de/de peur que	jusqu'à ce que
pour/pour que	sans/sans que	

1. La scolarité est obligatoire _____ les élèves aient 16 ans.

2. En classe, il faut lever le doigt _____ parler.

3. Il ne faut pas se lever _____ demander la permission du prof.

4. D'habitude, les élèves qui passent devant le conseil de discipline sont exclus,

_____ le conseil soit laxiste.

5. Les élèves timides ne répondent pas souvent aux questions _____

se tromper.

6. On apprend encore l'imparfait du subjonctif, _____ cela ne serve à rien.

7. On peut rentrer chez soi à midi _____ déjeuner en famille.

8. Les élèves peuvent quitter l'établissement quand un professeur est absent,

_____ leurs parents soient d'accord.

D. Mettez-vous à la place d'un(e) élève

Imaginez que vous êtes un(e) élève de la classe de 4ᵉ 3 (vous pouvez choisir un personnage important du film ou un[e] élève anonyme qui ne parle pas). Complétez les phrases pour exprimer vos sentiments et vos opinions sur la classe et le cours de français. Décidez si vous allez utiliser l'infinitif ou le subjonctif et faites les autres changements nécessaires.

L'élève que vous avez choisi: _____

1. Je ne pense pas qu(e) _____

2. Je préfèrerais qu(e) _____

3. J'en ai assez d(e) _____

4. Je n'ai pas peur d(e) _____

5. C'est incroyable qu(e) _____

6. Je regrette _____

7. Je _____ bien qu(e) _____

8. Je _____ avant de _____

PRÉPARATION À LA LECTURE

A. Les renseignements culturels: Daniel Pennac et Paris

Le titre est basé sur l'expression *Chagrin d'amour,* qui veut dire *romantic heartbreak.* Il a été traduit par *School Blues* en anglais.

Daniel Pennac

Daniel Pennac est l'auteur du livre *Chagrin d'école* (2007), dont vous allez lire des extraits dans ce chapitre. Avant de lire le texte, faites des recherches pour mieux comprendre le contexte. Visitez **www.cengagebrain.com** pour trouver des liens qui vous aideront à répondre aux questions.

1. Où et quand Daniel Pennac est-il né?

_____

2. Quelle était sa profession avant de devenir écrivain?

_____

3. Quels types de livres écrit-il?

_____

4. De quel type d'élève parle le livre *Chagrin d'école*? Quel est l'aspect autobiographique de ce livre?

_____

Paris

Dans un des passages que vous allez lire, l'auteur évoque les différences entre les établissements scolaires du centre et de la périphérie de Paris. Pour mieux comprendre, cherchez des informations sur les lieux suivants.

1. Le 20ᵉ arrondissement (c'est là que se trouve le collège filmé dans *Entre les murs*):
   a. Où se trouve le 20ᵉ arrondissement?

_____

   b. Quel lieu important trouve-t-on dans cet arrondissement?

_____

   c. Pensez-vous que ce soit un arrondissement riche? populaire? ethnique?

_____

2. Le Panthéon et son arrondissement
   a. Quel type de monument est-ce?

_____

   b. Dans quel arrondissement se trouve-t-il?

_____

   c. Cherchez le nom d'une université célèbre et de quelques lycées qui se trouvent dans cet arrondissement.

_____

   d. Quelle impression avez-vous du Lycée Henri-IV en regardant les photos et en parcourant (*by skimming*) rapidement les informations le concernant? (Note: Dans *Entre les murs,* une mère aimerait que son fils aille à ce lycée plus tard.)

_____

   e. Regardez la liste des anciens élèves et professeurs du lycée Henri-IV. En reconnaissez-vous certains?

_____

3. Les « zones d'éducation prioritaire ». Comparez le nombre de « zones d'éducation prioritaire » (ÉCLAIR ou RSS) dans les arrondissements de Paris. Les ÉCLAIR (« Écoles, collèges et lycées pour l'ambition, l'innovation et la réussite ») sont les zones les plus à risques. Les RRS (« Réseau réussite scolaire ») sont aussi des zones à risques, mais les difficultés y sont moins grandes.

To refresh your memory on **zones d'éducation prioritaire,** you can go back to the listening activity on page 163 of your textbook.

a. Dans quels arrondissements est-ce qu'il y a des zones d'éducation prioritaire?

_____

b. Combien de zones d'éducation prioritaire y a-t-il dans les 5ᵉ et 20ᵉ arrondissements?

_____

c. Qu'est-ce que vous pouvez en déduire sur le profil socio-économique de la population parisienne?

_____

B. Les mots apparentés

Grâce au vocabulaire que vous connaissez déjà, devinez le sens des mots de la troisième colonne.

	mot connu	traduction	mot apparenté	traduction
1.	regarder	*to look at*	un regard	
2.	poison	*poison*	empoisonner	
3.	grand(e)	*tall*	grandir	
4.	la nourriture	*food*	nourrir	
5.	une chaussure	*a shoe*	chausser	
6.	une distraction	*entertainment*	distraire	

C. En d'autres mots

Lisez les phrases suivantes, puis, en vous aidant du contexte, reliez chaque expression de la colonne de gauche à un synonyme dans la colonne de droite.

1. —Comment ça, les profs vous **prennent la tête?**

   —Ils prennent la tête, c'est tout! Avec leurs trucs qui servent à rien!

2. Il fallut **en convenir,** Maximilien avait raison.

3. —L'objet [une chaussure] sert à marcher, la marque (*brand*) sert à quoi?

   …

   —À **s'la péter,** m'dame!

4. « Fais attention, m'ont prévenu mes amis quand j'ai **entrepris** la rédaction de ce livre, les élèves ont énormément changé depuis ton enfance. »

5. Ma mère tricotait un pull-over à Bernard qui, ayant grandi, me le **refilait.**

____1. prendre la tête   **a.** donner

____2. convenir   **b.** impressionner

____3. se la péter   **c.** reconnaître, admettre

____4. entreprendre   **d.** agacer, embêter, ennuyer

____5. refiler   **e.** commencer

D. Réfléchissez

1. Trois des expressions de l'exercice précédent (**En d'autres mots**) sont en français familier/populaire. Lesquelles, à votre avis? (Regardez bien toute la phrase pour décider.)

_____

2. Quand on parle, on emploie parfois des noms de marque au lieu de nommer les objets. Par exemple, en français, on dit « frigidaire » au lieu de « réfrigérateur » ou « bic » au lieu de « stylo » (Frigidaire et Bic sont des noms de marque). Quels noms de marque est-ce que vous utilisez quand vous parlez anglais?

E. La lecture

Parcourez les extraits de *Chagrin d'école* dans votre manuel.

PRÉPARATION À L'ÉCRITURE

Dans ce chapitre, vous allez écrire une lettre ou un commentaire sur un blog pour communiquer des pensées et des émotions.

A. Choisissez un sujet

1. Lisez un commentaire

Avant de choisir un sujet spécifique, inspirez-vous d'un commentaire qu'Arthur, le gothique de la classe d'*Entre les murs,* aurait pu écrire sur son blog.

> Pay attention to the use of subjunctive and infinitive clauses in this paragraph.

Aujourd'hui, on a fait des présentations en classe. Il fallait présenter un argument et convaincre les autres. Comme d'habitude, Nassim (le Marocain) et les Africains ont parlé de foot. Ça manquait totalement d'originalité (mais on s'attendait pas à ce qu'ils disent des choses originales) et, bien sûr, ça a fini en conflit (ils peuvent rien faire sans se disputer). Souleymane s'est encore énervé et il s'est retrouvé dans le bureau du principal. Moi, j'ai défendu mon look et j'ai dit que je porte des habits différents parce que je veux être moi. Les autres ont ri, mais c'est surtout le prof qui m'a critiqué. Il pense que les gothiques ne sont pas vraiment différents parce qu'ils portent les mêmes vêtements noirs. Pourtant, il a dit à ma mère que je suis marginal, donc ça veut dire que je suis différent. J'en ai vraiment marre d'être dans cette classe. On fait rien d'intéressant et il y a toujours du bruit. J'aimerais bien que Souleymane soit renvoyé, ce serait plus calme et les autres auraient moins peur de participer (ils ont peur que Souleymane se moque d'eux). C'est dommage que je sois le seul gothique. J'aimerais avoir plus de copains pour que quelqu'un me comprenne. En fait, je voudrais changer de collège, mais c'est impossible. J'espère que l'ambiance sera meilleure quand j'irai au lycée.

> Heureusement que j'ai créé ce blog! Ma mère n'aime pas trop que j'écrive à des inconnus, mais moi, j'aime bien partager mes idées et lire vos commentaires.

2. Maintenant, c'est à vous d'écrire. Choisissez un sujet dans cette liste.

  a. La mère d'un(e) élève de la 4ᵉ 3 écrit au/à la principal(e) pour demander si son fils/sa fille pourrait changer de classe. L'élève est sérieux (-se) et timide et il/elle ne se sent pas bien dans la classe.

  b. M. Marin est choqué par le commentaire d'Henriette à la fin de l'année scolaire (elle dit qu'elle n'a rien appris et elle a peur que les professeurs l'orientent dans un lycée professionnel à la fin de la classe de 3ᵉ). Il voudrait l'aider, alors il lui demande de s'expliquer par écrit. [Relisez le paragraphe sur « Le conseil de classe » dans la **Note culturelle,** page 157 de *Séquences.*]

  c. Les professeurs du collège d'*Entre les murs* écrivent une lettre à un responsable des services de l'immigration pour demander que la mère de Wei ne soit pas expulsée.

  d. Un prof du collège a été très troublé par la crise de son collègue qui a « craqué » dans la salle des profs. Il décide de lui écrire pour le soutenir et pour lui faire quelques suggestions.

  e. Vous exprimez votre réaction au film sur votre blog.

B. Réfléchissez au contenu

Dans une lettre ou un blog, on communique de façon assez directe avec une personne ou un groupe de personnes avec qui on a une relation précise. Pour vous préparer à écrire, imaginez d'abord la (les) personne(s) à qui vous vous adressez. Considérez les points suivants:

1. **Le sujet de la lettre ou du blog:** Est-ce que votre correspondant(e) connaît bien le sujet de votre lettre? Que devez-vous lui apprendre en écrivant? Qu'est-ce qu'il/elle sait déjà sur ce sujet? A-t-il/elle des idées préconçues (*preconceived notions*) que vous devez corriger?

2. **L'attitude:** Cherchez-vous à changer les perceptions et attitudes de cette personne? Comment pensez-vous le faire? Suffit-il d'informer ou devez-vous chercher à émouvoir aussi?

3. **La relation:** Quel rapport avez-vous avec votre correspondant(e)? Est-ce une personne qui vous aime et vous respecte? Avez-vous de l'influence sur cette personne? Allez-vous le (la) tutoyer ou le (la) vouvoyer? Si votre correspondant(e) ne vous connaît pas, pour quelles raisons est-ce qu'il/elle vous lira et vous croira? Comment allez-vous l'intéresser, le (la) toucher et/ou le (la) convaincre?

C. Réfléchissez à la langue

Pour réaliser les buts (*achieve the goals*) de votre lettre ou de votre blog, inspirez-vous du vocabulaire, de la grammaire et des aspects culturels que vous avez étudiés dans le contexte du film *Entre les murs*. Pour exprimer vos émotions, vos désirs et vos doutes, et pour nuancer vos idées, n'oubliez pas d'utiliser le subjonctif quand c'est nécessaire.

1. **Les émotions:** Montrez votre compassion et votre humanité. Que ressentez-vous? Quels aspects de la situation vous rendent triste/heureux(-euse) ou vous font peur?

2. **Les désirs:** Quelles actions conseillez-vous? Que souhaitez-vous qu'on fasse dans la situation que vous présentez?

3. **Le doute:** Êtes-vous certain(e) de ce que vous dites ou avez-vous quelques doutes? Quelles incertitudes devez-vous annoncer?

4. **Les nuances:** De quelles conjonctions pouvez-vous vous servir pour mieux exprimer les actions et attitudes que vous proposez à votre correspondant(e)?

D. Organisez votre rédaction

1. Pour une lettre, utilisez une salutation appropriée (**Cher Monsieur/Chère Madame, Cher (Chère) [prénom du (de la) correspondant(e)]**).

2. Expliquez brièvement la situation qui est à l'origine de votre lettre ou de votre blog, puis présentez votre opinion/vos suggestions, etc.

3. Organisez l'information en fonction de vos buts et de votre correspondant(e).

4. (Pour une lettre) Ne terminez pas de manière abrupte. Choisissez une formule de politesse dans la liste ci-dessous.

> **Vocabulaire utile**
> **Amicalement:** *Best*
> **Cordialement:** *Cordially*
> **Bien à vous:** *Yours*

E. Perfectionnez votre travail

1. Demandez à un(e) camarade de classe de lire votre rédaction et de vous faire des commentaires sur les idées, l'organisation et la langue.

2. Lisez votre travail à voix haute. Vous vous rendrez compte plus facilement des problèmes d'organisation, des incohérences, des répétitions et des fautes d'inattention.

3. Faites attention aux points suivants:

   a. Les noms et les adjectifs
      * Le genre (masculin ou féminin) est-il correct?
      * Le nombre (singulier ou pluriel) est-il correct?
      * Le déterminant (article défini, indéfini, partitif, etc.) est-il approprié?
      * La position des adjectifs (avant ou après le nom) est-elle correcte?

   b. **Tu** ou **vous**?
      * Utilisez-vous le pronom correct de façon consistante dans toute la rédaction?
      * Est-ce que vos adjectifs possessifs (**ton, ta, tes, votre, vos**) s'accordent avec le pronom que vous avez choisi?

   c. Les verbes
      * Sont-ils au bon mode (indicatif, subjonctif, infinitif, impératif, conditionnel)?
      * Sont-ils au bon temps (présent, imparfait, passé composé, etc.)?
      * Leur structure est-elle correcte? (par exemple, faut-il une préposition?)
      * La conjugaison est-elle correcte?
      * Au passé, l'accord du participe passé est-il correct?

   d. L'orthographe
      * Vérifiez l'orthographe et n'oubliez pas les accents.

   e. Le ton et le style
      * Assurez-vous que le ton est approprié pour votre sujet et pour votre correspondant(e).
      * Évitez les répétitions: Utilisez des synonymes et des pronoms pour remplacer les noms; variez les structures.
      * Évitez les phrases trop simples: Utilisez des propositions relatives et des conjonctions (**pour que, bien que,** etc.).
      * Utilisez des mots de transition (**d'abord, puis, ensuite, aussi, c'est pourquoi, [mal]heureusement, ainsi, de cette façon,** etc.).

Chapitre 8

LA VIE ET SES OBSTACLES: *Intouchables (2011)*

Grammar Tutorials
www.cengagebrain.com
• the subjunctive
• compound past tenses
• the future
• the conditional
• the past conditional

LES MOTS POUR LE DIRE

A. Votre dictionnaire personnel

Trouvez des mots de la **Liste de vocabulaire** (*Séquences*, pages 202–204) qui correspondent aux catégories suivantes.

1. le corps

_____

_____

_____

_____

2. la banlieue

_____

_____

_____

_____

3. l'humour

_____

_____

_____

_____

4. le travail

_____

_____

_____

_____

B. L'antonyme le plus proche

Trouvez le contraire. Référez-vous à la **Liste de vocabulaire** (*Séquences,* pages 202–204).

___ **1.** s'installer	**a.** emploi
___ **2.** combatif	**b.** intolérant
___ **3.** chômage	**c.** mettre à la porte
___ **4.** travailleur	**d.** déprimé
___ **5.** compréhensif	**e.** sérieux
___ **6.** embaucher	**f.** déménager
___ **7.** drôle	**g.** s'amuser
___ **8.** s'ennuyer	**h.** paresseux

C. La meilleure définition

Trouvez la meilleure définition pour les mots suivants.

___ **1.** l'apprentissage	**a.** moyen de locomotion utilisé par les handicapés
___ **2.** la banlieue	**b.** grande souffrance psychologique
___ **3.** un fauteuil roulant	**c.** formation professionnelle
___ **4.** un quartier	**d.** bâtiment de plusieurs étages
___ **5.** l'angoisse	**e.** périphérie d'une ville
___ **6.** un immeuble	**f.** partie d'une ville

D. Le verlan et le français familier

Trouvez l'équivalent en français standard de chaque phrase écrite en verlan ou en français familier. Référez-vous au **Vocabulaire familier** (*Séquences,* pages 203–204).

___ **1.** Elle est chome, cette meuf.	**a.** Cette histoire est bizarre.
___ **2.** Elle me kiffe grave.	**b.** Ma mère s'est énervée.
___ **3.** Elle est chelou, cette histoire.	**c.** Cette femme est folle.
___ **4.** Elle est ouf, cette meuf.	**d.** Cette femme est moche.
___ **5.** Elle s'est barrée.	**e.** Je lui plais beaucoup.
___ **6.** Elle a pété les plombs, la daronne.	**f.** Elle est partie.

E. Le mot juste

Terminez les phrases en utilisant un mot de la **Liste de vocabulaire** du chapitre.

1. Driss voulait continuer à recevoir ses Assedic (*unemployment benefits*), donc il a passé

   _____ chez Philippe.

2. Tout au long du film, Driss fait beaucoup de _____ qui ne font pas

   toujours rire Philippe.

3. Quand Driss _____ chez Philippe, il a sauté sur le lit et a pris un bain

   dans sa nouvelle salle de bains.

4. Antoine, l'avocat de Philippe, s'inquiète de la présence de Driss et lui recommande

   d'être _____. Comme d'autres personnes, Antoine a certains préjugés

   concernant les gens qui habitent les _____.

5. En donnant du travail à Driss, Philippe lui permet de ne plus être un _____,

   c'est-à-dire une personne qui reçoit des aides financières de l'État.

6. Driss a fait de la prison. Il possède donc un _____.

7. Driss va chercher son frère Adama au _____ car il a été arrêté. On le

   soupçonne de fréquenter une bande de dealers.

8. En travaillant pour Philippe, Driss _____ à bien s'occuper d'un

   handicapé.

9. Lors de son premier rendez-vous avec Éléonore, Philippe _____ et est

   parti avant qu'elle n'arrive.

10. Au début du film, Driss ne comprenait rien à l'art, mais à la fin du film, il

    _____ à la peinture.

F. Et vous?

Répondez aux questions en utilisant des phrases complètes et en consultant la **Liste de vocabulaire.**

1. Avez-vous déjà passé un entretien d'embauche? Vous souvenez-vous d'un entretien
   d'embauche particulièrement intéressant/unique? Racontez.

   _____

   _____

   _____

2. Avez-vous un(e) ami(e) qui aime plaisanter? Quel type de blagues vous a-t-il/elle déjà fait?

_____

_____

_____

3. Connaissez-vous une personne de votre famille ou un(e) ami(e) qui est (ou a été) au chômage? Comment cela affecte-t-il (a-t-il affecté) sa vie et ses relations avec les autres?

_____

_____

_____

4. À quels types de préjugés avez-vous déjà été confronté(e)? Comment avez-vous réagi? Que recommandez-vous pour combattre les préjugés?

_____

_____

_____

5. Quels sont vos loisirs préférés? Les pratiquez-vous souvent?

_____

_____

_____

6. Quelle sorte d'art aimez-vous? Que pensez-vous de la peinture? Quel est votre tableau préféré? Pourquoi?

_____

_____

_____

G. Dictée

2-20

Écoutez le passage pour compléter le texte.

Philippe raconte sa rencontre avec Driss.

Quand j'ai rencontré Driss pour la première fois, j'étais _____ (1) par cet homme _____ (2) et _____ (3). Il me paraissait vraiment unique. J'ai tout de suite pensé qu'il serait le parfait _____ (4) dont j'avais besoin. D'habitude, les gens qui me _____ (5) me traitaient comme _____ (6) et oubliaient que j'étais toujours un être humain. Les gens ont généralement _____ (7) pour les handicapés et ne comprennent pas _____ (8) qu'ils doivent affronter au quotidien. Depuis la mort de ma femme, je _____ (9) souvent. Avec Driss, j'ai retrouvé l'envie de vivre et _____ (10) a disparu.

PRÉPARATION À LA DISCUSSION

Avant de faire ces activités, revoyez Le passé composé, L'imparfait, Le plus-que-parfait (Chapitre 2, pages 244–258), Le futur et Le conditionnel (Chapitre 6, pages 294–300).

Prononciation: le français parlé et le *e* instable

Understanding spoken French becomes easier as you become accustomed to the disappearance of the unaccented **e**, both within words and within word strings. As a general rule, the **e instable** (an **e** with no accent mark) is not pronounced when it appears in unstressed syllables.

A. Le français parlé et le *e* instable I

22

Listen to the pronunciation of the following words and note the disappearance of the unaccented **e**.

> rappeler   enlever   lendemain   samedi   revenir

There are nine common words in French that end in an unaccented **e**. You know them already as the words that elide with the following vowel. They are:

> je   te   me   le   ne   se   ce   que   de

In spoken French, the unaccented **e** tends to disappear. Your listening comprehension will improve quite a bit if you train your ear to hear the reduced forms.

Listen to the pronunciation of the following sentence and note the disappearance of the unaccented **e**.

> J'aimerais que tu me téléphones samedi.

Now listen to and repeat the following sentences.

1. Il ne me le demandera pas.
2. Je t'ai dit qu'il ne te le donnerait pas.
3. Rappelons-le samedi. Il doit revenir.
4. Si vous revenez le lendemain, ce sera prêt.
5. Est-ce que je peux le refaire samedi après la fête d'anniversaire?
6. Je me suis longtemps demandé si tu devais le savoir.
7. Vous souvenez-vous quand il vous l'a enlevé?
8. Mon petit ami me le dit.
9. Ce sera difficile si tu ne le fais pas tout de suite.
10. Ce qui m'embête, c'est qu'il ne me l'a même pas demandé.

B. Le français parlé et le *e* instable II

23

Circle the word string that you hear in the following sentences. Then repeat the entire sentence following the speaker.

1. je le   je te le
2. je le   je ne le
3. je te   je te le
4. nous te le   nous le
5. elle ne le   elle le
6. ce qu'il   ceux qu'il
7. de le refaire de le faire
8. ne me le   ne le
9. ne te le   ne le
10. de te le   de le

🔊 C. L'imparfait et le passé composé avec des pronoms objets

2-24   Listen to the following phrases and circle the one you hear.

1. je te l'ai rappelé   je te le rappelais
2. il me l'a montré   il me le montrait
3. tu nous l'as confirmé   tu nous le confirmais
4. on le lui a acheté   on le lui achetait
5. elle le lui a refusé   elle le lui refusait
6. je l'y ai rencontré   je l'y rencontrais
7. il me l'a recommandé   il me le recommandait
8. on le leur a donné   on le leur donnait
9. tu le lui as demandé   tu le lui demandais
10. je le lui ai expliqué   je le lui expliquais

🔊 D. La prononciation de l'imparfait et du conditionnel

2-25   Listen to the following sentences and circle the verb tense you hear. Then repeat the entire sentence after the speaker.

1. imparfait   conditionnel
2. imparfait   conditionnel
3. imparfait   conditionnel
4. imparfait   conditionnel
5. imparfait   conditionnel
6. imparfait   conditionnel
7. imparfait   conditionnel
8. imparfait   conditionnel
9. imparfait   conditionnel
10. imparfait   conditionnel

La grammaire et le film

> Avant de faire cet exercice, revoyez L'imparfait, Le passé-composé, Le plus-que-parfait A–E dans la section grammaire du chapitre 2.

E. L'histoire de Philippe

Philippe raconte à Driss sa vie avant son accident. Mettez les verbes au passé (**passé-composé, imparfait, plus-que-parfait**) pour raconter la séquence.

Philippe naît dans un milieu aristocratique (1). Il réussit bien sa vie professionnelle (2). Un jour, il rencontre Alice et c'est le coup de foudre (3). Ils se marient (4). Ils sont très heureux, mais Alice ne peut pas avoir d'enfant, alors ils adoptent Élisa (5). Alice devient très malade et meurt (6). Philippe est bouleversé par cette perte car Alice n'a pas eu le temps d'être une mère pour Élisa (7). Puis, Philippe a un accident de parapente et reste handicapé (8).

1. *Philippe est né dans un milieu aristocratique.* _____

2. _____

3. _____

4. _____

5. _____

6. _____

7. _____

8. _____

F. Mettez-vous à leur place

Que feriez-vous à la place des personnages du film?

> *Exemple:* Philippe va au théâtre ce soir.
>
> *À sa place, j'irais aussi./À sa place, je n'irais pas.*

Avant de faire cet exercice, revoyez La formation du conditionnel présent et L'emploi du conditionnel présent B1 et B2 dans la section grammaire du chapitre 6.

1. Philippe embauche Driss comme auxiliaire de vie.

_____

2. Antoine, l'ami avocat de Philippe, achète le tableau de Driss.

_____

3. La mère de Driss se fâche lorsqu'elle voit son fils au début du film.

_____

4. Driss s'ennuie pendant le concert de musique classique.

_____

5. Élisa est déprimée après sa rupture avec Bastien.

_____

6. Magalie fait semblant de se déshabiller devant Driss.

_____

7. Philippe devient ami avec Driss.

_____

8. Éléonore a un rendez-vous avec Philippe.

_____

G. Hypothèses

Complétez les phrases au conditionnel passé.

Avant de faire cet exercice, revoyez Le conditionnel passé B3 dans la section grammaire du chapitre 6.

> *Exemple:* Si Driss n'était pas venu à l'entretien d'embauche (Philippe ne le rencontre jamais).
>
> *Si Driss n'était pas venu à l'entretien d'embauche, Philippe ne l'aurait jamais rencontré.*

1. Si Driss n'était pas allé en prison (sa mère ne refuse pas sa présence à la maison).

_____

2. Si Philippe n'avait pas été handicapé (il conduit lui-même sa voiture).

_____

3. Si Driss n'avait pas rencontré Philippe (il ne découvre pas la musique classique).

_____

4. Si Adama n'avait pas été arrêté (Driss ne va pas au commissariat de police).

_____

5. Si Philippe n'avait pas pris peur (il voit Éléonore lors du premier rendez-vous).

_____

6. Si Élisa n'avait pas demandé de l'aide à Driss (Bastien ne revient pas tous les matins avec des croissants).

_____

L'intrigue

H. L'évolution de Driss

Driss est le personnage du film qui a le plus changé. Mettez les étapes de son évolution dans l'ordre chronologique.

____ **a.** Il s'habille en smoking (*tuxedo*) pour l'anniversaire de Philippe.

____ **b.** Il s'occupe de son frère Adama, qui a été conduit au commissariat de police.

____ **c.** Après sa sortie de prison, Driss se retrouve au chômage.

____ **d.** Il n'a aucune qualification, mais devient quand même l'auxiliaire de vie de Philippe.

____ **e.** Driss travaille pour une compagnie de transport; il devient pragmatique.

____ **f.** Il passe un entretien d'embauche chez Philippe en jeans et baskets.

____ **g.** Driss emménage chez Philippe et est émerveillé par la salle de bains.

____ **h.** Il découvre la peinture, l'opéra, la musique classique et le parapente.

Maintenant, réécrivez les phrases dans l'ordre chronologique en mettant les verbes à **l'imparfait**, au **passé-composé** ou au **plus-que-parfait**.

1. _____

2. _____

3. _____

4. _____

5. _____

6. _____

7. _____

8. _____

POUR ALLER PLUS LOIN

A. Un entretien d'embauche

Imaginez que, comme Driss, vous postulez pour un travail. Répondez aux questions posées en utilisant le **conditionnel présent.**

Si vous postuliez pour un travail,…

1. comment vous habilleriez-vous?

_____

2. quels documents apporteriez-vous?

_____

3. comment décririez-vous votre personnalité?

_____

4. quelles compétences mettriez-vous en valeur?

_____

5. quel salaire demanderiez-vous?

_____

6. quelles questions poseriez-vous à la personne qui vous ferait passer l'entretien?

_____

Avant de faire cet exercice, revoyez La formation du conditionnel présent et L'emploi du conditionnel présent B1 et B2 dans la section grammaire du chapitre 6.

B. Organiser une soirée d'anniversaire surprise: ce qu'il faut faire

Vous vous souvenez sans doute de la soirée d'anniversaire de Philippe qu'Yvonne organise chaque année. Combinez les deux phrases pour exprimer vos conseils et vos opinions à quelqu'un qui souhaite organiser une soirée d'anniversaire surprise. Employez le **subjonctif.**

Exemple: Je ne pense pas que… (C'est une bonne idée.)

Je ne pense pas que ce soit une bonne idée.

1. Il faut que… (Vous gardez le secret.)

_____

2. Il ne faut pas que… (Cette personne sait que vous préparez cette soirée.)

_____

3. Il vaut mieux que… (Vous avez de la musique pour créer une ambiance de fête.)

_____

4. Il est nécessaire que… (Les invités veulent bien s'amuser.)

_____

5. Je suggère que… (Vous offrez de la nourriture variée.)

_____

Avant de faire les exercices B et C, revoyez Le subjonctif présent (Formation) et Emploi du subjonctif (Emploi du subjonctif après certains verbes) B et D1 dans la section grammaire du chapitre 7.

C. Organiser une soirée d'anniversaire surprise: ce qui peut arriver

Expliquez ce qui peut arriver, lors d'une soirée d'anniversaire, à quelqu'un qui souhaite en organiser une. Combinez les deux phrases et faites attention au verbe principal pour déterminer si le verbe de la proposition subordonnée doit être à l'**indicatif** ou au **subjonctif.**

1. Il est probable que… (Certains amis ne sont pas libres ce soir-là.)

_____

2. Il se peut que… (Votre invité[e] d'honneur apprend ce que vous planifiez.)

_____

3. Il est possible que… (La musique ne plaît pas à tout le monde.)

_____

4. Il est certain que… (Votre invité[e] d'honneur se souvient de cette soirée.)

_____

5. Il n'est pas certain que… (Vous pouvez garder le secret.)

_____

D. Organiser une soirée d'anniversaire: réactions négatives

Avant de faire l'exercice D, revoyez Emploi du subjonctif (Emploi du subjonctif après certains verbes), Subjonctif ou infinitif? D1 et E dans la section grammaire du chapitre 7.

Un groupe d'amis vous a invité(e) à participer à la soirée d'anniversaire d'une personne que vous détestez. Vous allez leur expliquer pourquoi cette invitation ne vous plaît pas. Faites deux phrases en combinant la proposition principale avec les propositions subordonnées (a et b). Décidez si vous devez utiliser l'**infinitif** ou le **subjonctif** en faisant attention aux sujets des deux propositions.

Exemple: J'ai peur…
  a. Vous êtes mal à l'aise pour moi.
     J'ai peur que vous soyez mal à l'aise pour moi.
  b. Je suis hypocrite avec l'invité(e).
     J'ai peur d'être hypocrite avec l'invité(e).

1. Je ne veux pas…
  a. Votre invité(e) vient me parler.

_____

  b. Je dois parler à votre invité(e).

_____

2. Je refuse…
  a. Votre invité(e) me considère comme un(e) ami(e).

_____

  b. Je deviens ami(e) avec votre invité(e).

_____

3. Je suis fâché(e)…
  a. Vous m'obligez à me rendre à ce genre de soirée.

_____

  b. Je perds mon temps à ce genre de soirée.

_____

E. Votre opinion du film

Complétez les phrases avec la forme du verbe appropriée, au **subjonctif,** à l'**indicatif** ou à l'**infinitif** selon le cas. Inspirez-vous de ces suggestions ou exprimez vos propres idées.

Avant de faire l'exercice E, revoyez Le subjonctif passé, Emploi du subjonctif (Emploi du subjonctif après certains verbes), Subjonctif ou infinitif? C, D1 et E dans la section grammaire du chapitre 7.

> Je n'ai pas compris tous les dialogues.
>
> Philippe et Driss sont devenus amis.
>
> Le film est basé sur une histoire vraie.
>
> Omar Sy (qui joue Driss) a reçu un César.
>
> François Cluzet (Philippe) jouait très bien.
>
> Nous avons étudié ce film.

1. Je suis heureux (-euse) qu(e) _____

2. Je regrette qu(e) _____

3. Je ne suis pas surpris(e) qu(e) _____

4. Il est certain qu(e) _____

5. C'est dommage qu(e) _____

6. Je suis déçu(e) (*disappointed*) _____

F. La suite de l'histoire

Un an après la fin du film, que s'est-il passé dans la vie de Driss? Est-ce qu'il a revu Philippe? A-t-il continué de travailler pour la compagnie de transport? A-t-il rencontré une femme? Réfléchissez à ces questions et incorporez vos réponses dans un paragraphe au passé.

Avant de faire l'exercice F, revoyez L'imparfait, Le passé-composé, Le plus-que-parfait A-E dans la section grammaire du chapitre 2.

_____

_____

_____

_____

_____

_____

_____

_____

_____

_____

_____

PRÉPARATION À LA LECTURE

A. Les renseignements culturels: Faïza Guène

La lecture de ce chapitre est un extrait de *Kiffe Kiffe demain* (2007), un roman de Faïza Guène. Pour mieux connaître l'auteure, visitez les sites que vous trouverez sur **www.cengagebrain.com** et cherchez des réponses au maximum de questions suivantes.

1. **Faïza Guène**
    a. Où et quand Faïza Guène est-elle née?

    _____

    _____

    b. Où a-t-elle grandi? Quelle est l'origine de sa famille?

    _____

    _____

    c. Quels types de livres écrit-elle? En quoi son écriture est-elle différente?

    _____

    _____

    d. En plus de l'écriture, quelle autre activité artistique pratique-t-elle/a-t-elle pratiquée?

    _____

    _____

2. **Le Maroc**
    a. Où se trouve le Maroc? Quels autres pays maghrébins se trouvent dans la même région géographique? Quelle est la capitale du Maroc? Citez deux ou trois autres villes importantes.
    b. Combien de personnes habitent au Maroc? Quelles langues y sont parlées?
    c. Quel type de système gouvernemental existe au Maroc?
    d. Quel rôle la France a-t-elle joué dans l'histoire du Maroc? Quelle influence française trouve-t-on aujourd'hui au Maroc?

B. Vocabulaire: les mots apparentés

Grâce au vocabulaire que vous connaissez déjà ou que vous pouvez reconnaître, devinez le sens des mots de la troisième colonne.

	mot connu	traduction	mot apparenté	traduction
1.	venir	*to come*	l'avenir	
2.	doigt	*finger*	montrer du doigt	
3.	la destinée	*destiny*	le destin	
4.	inquiet(-ète)	*worried*	inquiéter	
5.	vrai(e)	*true, real*	en vrai	
6.	voir, vu(e)	*to see, seen*	la vue	
7.	une balade	*stroll*	se balader	
8.	une queue	*queue (British English), line*	faire la queue	
9.	attraper	*to catch*	un attrape-touristes	

C. Les mots dans leur contexte

Nous avons tendance à oublier le contexte quand nous rencontrons un mot que nous ne comprenons pas. Mais il est souvent possible de deviner (*guess*) le sens d'un mot en examinant la section du texte dans laquelle il se trouve. Après avoir lu toute la phrase, devinez le sens des mots indiqués.

1. « elles avaient réussi à capter les chaînes françaises grâce à une antenne expérimentale... »

   capter: _____

2. « quand elle est arrivée avec mon père à Livry-Gargan en février 1984, elle a cru qu'ils avaient pris le mauvais bateau et qu'ils s'étaient trompés de pays. »

   ils s'étaient trompés de pays: _____

3. « On peut mourir dans dix jours, demain ou tout à l'heure, là, juste après. C'est le genre de trucs qui prévient pas. »

   qui prévient pas: _____

4. « Moi, je la trouve moche mais c'est vrai qu'elle en impose parce qu'elle est puissante la tour Eiffel. »

   en impose: _____

5. « Les seuls qui s'y [aux tours du quartier] intéressent, c'est les journalistes mythos avec leurs reportages dégueulasses sur la violence en banlieue. »

   reportages: _____

6. « quand je serai une adulte quoi, j'adhérerai à une association pour aider les gens... »

   adhérer: _____

D. Imaginez des situations

Vous allez rencontrer les situations suivantes dans les extraits de *Kiffe Kiffe demain* que vous allez lire en classe. Dans ce roman, la narratrice, qui habite seule avec sa mère en banlieue parisienne, nous raconte sa vie quotidienne au lycée avec ses copines. Pour vous préparer à mieux comprendre le texte, imaginez le contexte des situations que vous allez y rencontrer. Écrivez une ou deux phrases pour répondre à chaque question.

1. Aimez-vous voyager? Êtes-vous déjà allé(e) à l'étranger? Quels sentiments peut-on ressentir lorsqu'on se trouve dans un pays étranger? Quelles difficultés peut-on y rencontrer?

   _____

   _____

   _____

2. Quelles activités culturelles (visites de monuments, de musées, par exemple) avez-vous faites avec votre famille? Qu'avez-vous pensé de ces expériences? Avez-vous acheté des souvenirs?

   _____

   _____

   _____

3. Quand vous allez rendre visite à votre famille, quels sont les sujets de conversation? Qu'est-ce que vos grands-parents, vos oncles et vos tantes veulent savoir à votre sujet?

_____

_____

_____

4. Est-ce que vous êtes inquiet (-ète) pour l'avenir? Comment imaginez-vous votre vie future? Quelles questions vous posez-vous concernant votre avenir?

_____

_____

_____

5. Quel type de relation un(e) adolescent(e) peut-il/elle avoir avec sa mère? Comment était votre relation avec votre mère quand vous étiez adolescent(e)? Quels sentiments un enfant peut-il éprouver envers un père absent?

_____

_____

_____

E. La lecture

Parcourez les extraits du roman *Kiffe Kiffe demain* dans le manuel de classe.

PRÉPARATION À L'ÉCRITURE

Dans ce chapitre, vous allez écrire une composition sur un des thèmes du film *Intouchables*.

A. Choisissez un sujet

Sélectionnez le thème que vous trouvez le plus intéressant.

1. Un(e) ami(e) pour la vie
En s'aidant mutuellement, Philippe et Driss sont devenus amis pour la vie. Quelle personne considérez-vous être un(e) amie(e) pour la vie? Dans quelles circonstances vous êtes-vous rencontré(e)s? Quelles épreuves avez-vous surmontées ensemble? Pourquoi êtes-vous encore si proches aujourd'hui?

2. Le handicap
Philippe et Driss souffrent chacun d'un handicap (physique pour l'un, social pour l'autre). Chaque personne est confrontée à ses propres difficultés/obstacles. À quelles difficultés devez-vous faire face en général? Y a-t-il eu un moment précis dans votre vie où vous avez dû vaincre de grandes difficultés? Comment avez-vous réussi à vous en sortir?

3. Les activités culturelles
Philippe fait découvrir à Driss certaines activités culturelles telles que la peinture, l'opéra, la musique classique. Quels sont vos goûts en matière d'art? Que pensez-vous de la musique classique? De l'opéra? Décrivez votre expérience en ce qui concerne les arts.

4. Les réseaux de drogue

Driss doit protéger son frère Adama d'un groupe de dealers. On comprend que la drogue fait partie du quotidien des habitants de la cité où ils habitent. Que savez-vous des problèmes de drogue aux États-Unis? Connaissez-vous des gens qui se droguent? Que faut-il faire pour lutter contre les problèmes de drogue?

5. Les jeunes et l'emploi

En France, les jeunes sont particulièrement touchés par le chômage. Pensez-vous que le même problème existe aux États-Unis? D'après votre expérience professionnelle, quels types de travail les jeunes de votre âge obtiennent-ils? Quels emplois sont les plus difficiles à trouver? Quel emploi aimeriez-vous obtenir? Quelles qualifications devez-vous avoir?

B. Réfléchissez au contenu

Pour vous aider à rassembler vos idées, répondez aux questions posées sur le sujet qui vous intéresse. Répondez sous forme de notes.

1. **Un(e) ami(e) pour la vie**

   a. Comment s'appelle votre ami(e)? Depuis combien de temps vous connaissez-vous? Comment est-il/elle physiquement? Quels traits de sa personnalité aimez-vous?

   _____

   _____

   _____

   b. Souvenez-vous du moment de votre rencontre. Quel jour/Quelle saison de l'année était-ce? Où étiez-vous? Que faisiez-vous? Comment avez-vous rencontré votre ami(e)?

   _____

   _____

   _____

   c. Quels événements importants avez-vous vécus/partagés avec votre ami(e)? Comment votre ami(e) vous a-t-il/elle aidé(e) dans des moments difficiles?

   _____

   _____

   _____

   d. Quel(s) rôle(s) votre ami(e) continuera-t-il/elle à jouer à l'avenir?

   _____

   _____

   _____

2. Le handicap

a. À quels obstacles êtes-vous régulièrement confronté(e)? Comment réagissez-vous face à ces difficultés?

_____

_____

_____

b. Souvenez-vous d'un obstacle spécifique dans votre vie. Quel âge aviez-vous? Où étiez-vous? À quelle difficulté étiez-vous confronté(e)? Comment avez-vous réussi à vaincre cet obstacle? Avez-vous reçu de l'aide? De qui?

_____

_____

_____

c. Si un(e) de vos ami(e)s était confronté(e) au même type d'obstacle, quels conseils lui donneriez-vous? Comment l'aideriez-vous?

_____

_____

_____

3. Les activités culturelles

a. Quelles sont vos préférences artistiques? Que pensez-vous de la musique classique, de la peinture et de l'opéra? Pourquoi?

_____

_____

_____

b. À quel(s) type(s) d'événements culturels avez-vous déjà assisté? Racontez un événement particulièrement mémorable. Où et quand s'est déroulé cet événement? Qui était avec vous? Qu'est-ce qui vous a plu/déplu? Pourquoi?

_____

_____

_____

c. Quel(s) événement(s) culturel(s) recommanderiez-vous à un(e) ami(e) qui partage vos goûts artistiques? Donnez des arguments convaincants.

_____

_____

_____

4. Les réseaux de drogue

    a. Y a-t-il des problèmes de drogue dans la ville ou l'État où vous habitez? Comment le gouvernement traite-t-il ces problèmes? Quelles solutions proposeriez-vous?

        _____

        _____

        _____

    b. Connaissez-vous des gens qui se droguent (se droguaient)? Comment expliquez-vous leur acte? Quelles sont (ont été) les conséquences de leurs actions? Quelles aides sont actuellement disponibles pour ces personnes? Pourriez-vous en suggérer d'autres?

        _____

        _____

        _____

    c. Que pensez-vous de la légalisation de la vente de cannabis (*marijuana legalization*) dans certains États américains? Quels en sont les aspects positifs et négatifs à court terme et à long terme?

        _____

        _____

        _____

5. Les jeunes et l'emploi

    a. Quel est le taux de chômage chez les jeunes dans la ville ou l'État où vous habitez? Quelles mesures ont été mises en place pour développer l'emploi? Qu'en pensez-vous?

        _____

        _____

        _____

    b. Quels emplois sont généralement accessibles aux Américains de votre âge? Avez-vous obtenu un de ces emplois? Quelles difficultés professionnelles avez-vous rencontrées? Expliquez comment vous avez réagi face à ces difficultés.

        _____

        _____

        _____

    c. Quel emploi souhaitez-vous obtenir après la fin de vos études? Pourquoi? De quelles compétences aurez-vous besoin?

        _____

        _____

        _____

C. Réfléchissez à la langue

Le vocabulaire

De quel vocabulaire avez-vous besoin pour écrire votre rédaction? Quel nouveau vocabulaire allez-vous utiliser? Avant de vous mettre à écrire, consultez un bon dictionnaire et le vocabulaire du chapitre.

La grammaire

Faites attention aux temps et aux structures que vous allez utiliser.

- Pour parler de faits, utilisez le présent.
- Pour raconter une histoire spécifique, utilisez les temps du passé.
- Pour parler d'événements à venir, utilisez le futur.
- Pour faire des hypothèses, utilisez le conditionnel.
- Pour exprimer des opinions et des sentiments, pensez à utiliser le subjonctif avec certains verbes et expressions.

D. Organisez votre rédaction

Structurez votre rédaction selon les réponses que vous avez données dans la partie B. N'oubliez pas d'inclure une introduction et une conclusion logiques.

E. Perfectionnez votre travail

1. Demandez à un(e) camarade de classe de lire votre rédaction et de vous faire des commentaires sur les idées, l'organisation et la langue.

2. Lisez votre travail à voix haute. Vous vous rendrez compte (*You will notice*) plus facilement des problèmes d'organisation, des incohérences, des répétitions et des fautes d'inattention.

3. Faites attention aux points suivants:
   a. Les noms et les adjectifs
      - Le genre (masculin ou féminin) est-il correct?
      - Le nombre (singulier ou pluriel) est-il correct?
      - Le déterminant (article défini, indéfini, partitif, etc.) est-il approprié?
      - La position des adjectifs (avant ou après le nom) est-elle correcte?
   b. Les verbes
      - Sont-ils au bon temps (présent, imparfait, passé composé, etc.)?
      - Leur structure est-elle correcte? (Par exemple, faut-il une préposition après le verbe?)
      - La conjugaison est-elle correcte?
      - Au passé composé et au plus-que-parfait, avez-vous choisi le bon auxiliaire?
      - L'accord du participe passé est-il correct?
   c. L'orthographe
      - Vérifiez l'orthographe et n'oubliez pas les accents.
   d. Le ton et le style
      - Assurez-vous que le ton est approprié pour votre sujet et pour votre lecteur/lectrice.
      - Évitez les répétitions: Utilisez des synonymes et des pronoms pour remplacer les noms; variez les structures.
      - Utilisez des mots de transition (**un jour, d'abord, puis, ensuite, finalement, aussi, c'est pourquoi, [mal]heureusement, ainsi/de cette façon**, etc.).